«Este es *el* libro que ayudará a los padres a crear un hogar seguro con respecto a internet y las redes sociales; es *el* libro que les dará las herramientas para guiar a sus hijos a que tomen buenas decisiones en cuanto al mundo digital. En mi opinión, Jonathan McKee es uno de los hombre: para orientar a nuestros hijos en esta importante e en más, este será mi libro de referencia.»

JIM BURNS, PHD, presidente de HomeWord; autor de pureza] y *Understanding Your Teen* [Comprendiendo a tu l

«Creo que llevaré varios ejemplares de *Padres, hijos y las pantallas* de Jonathan McKee en mi auto para entregárselos a los padres con los que converso cada semana, ya que aborda exactamente los problemas sobre los que ellos me consultan: «¿Cuándo debo darles un teléfono celular a mis hijos?» «¿Debo permitirles tenerlo en su habitación?» «¿A cuántas redes sociales pueden acceder?» Me encanta la sabiduría y la practicidad con las que Jonathan aborda su libro. Desearía haberlo tenido cinco o diez años antes.»

SHAUNTI FELDHAHN, autora de superventas, como *For Women Only* [Solo para mujeres] y *For Parents Only* [Solo para padres].

«*Padres, hijos y las pantallas* es el libro que estaba esperando. Como padre de estudiantes de escuela secundaria y primaria, me ayudó enormemente a pensar en los límites tecnológicos razonables que debía ponerles a mis hijos. Aprecio que Jonathan ofrezca algunas sugerencias prácticas basadas en su investigación, pero también que se centre en la importancia de las relaciones. Todos los padres deberían leer este libro y debatirlo con otros.»

SEAN MCDOWELL, PHD, profesor asociado de apologética en Talbot School of Theology; autor de *Chasing Love: Sex, Love and Relationships in a Confused Culture* [Persiguiendo el amor: Sexo, amor y relaciones en una cultura confusa].

«Si su hijo está a punto de graduarse de la escuela primaria o secundaria, o se encuentra en cualquier punto intermedio, debería tener una copia de *Padres, hijos y las pantallas*, de Jonathan McKee. El autor transmite sabiduría práctica en cada página, e incluso propone preguntas para debatir al final de cada capítulo que servirán para iniciar conversaciones entre usted y sus hijos adolescentes. Consiga este libro, ¡y recuperará a sus hijos!»

DAVID R. SMITH, autor de *Christianity… It's Like This: An Uncomplicated Look at What It Means to Be a Christ-Follower* [Cristianismo… es algo así como: Un sencillo pantallazo acerca de lo que significa ser un seguidor de Cristo].

«En un mundo en el que la edad promedio a la que los niños obtienen su primer *smartphone* es de diez años, los padres luchan por mantenerse al día sobre la interacción de sus hijos con el mundo digital. *Padres, hijos y las pantallas* brinda las herramientas necesarias no solo para establecer límites saludables con respecto al uso de las pantallas sino también para involucrar continuamente a sus hijos en conversaciones acerca de cómo ser sabios en el tema.»

DOUG FIELDS, autor de *Intentional Parenting* [Crianza intencional].

«Ninguna generación de jóvenes ha sido tan impactada por la tecnología como la actual. Pasarán años antes de que comprendamos el verdadero efecto que los dispositivos tecnológicos han causado en nuestros hijos. Mientras tanto, Jonathan McKee, el experto en jóvenes a quien tengo como referente, ha escrito un manual poderoso y conciso para ayudarlo a que usted navegue en el mundo de las pantallas. *Padres, hijos y las pantallas* lo ayudará a interactuar con sus hijos, a comprender sus desafíos y a establecer los límites adecuados. Si hay adolescentes en su familia, este es otro recurso esencial de Jonathan McKee.»

J. WARNER WALLACE, detective destacado en *Dateline*; autor de *So the Next Generation Will Know: Preparing Young Christians for a Challenging World* [Lo que la próxima generación sabrá: Preparando a los jóvenes cristianos para un mundo desafiante].

«¡Estoy muy agradecido con Jonathan por haber escrito este libro! Es literalmente una guía para intrducirnos en las diferencias culturales creadas por las pantallas. No solo es un gran recurso para los padres sino que también me gustaría animar a los abuelos a que lo lean.»

GREG ALDERMAN, pastor principal de Christ Community Church, California.

«Como padres, a menudo nos sentimos desinformados y abrumados cuando se trata del mundo de los *smartphone*s y de las redes sociales. Jonathan nos proporciona otro recurso valioso, entretejiendo una información convincente con pasos a poner en práctica y sabiduría bíblica. Este es el manual que los padres hemos estado buscando, el cual nos ayudará a navegar por los desafíos que representa criar a la generación de las pantallas.»

ROB CHAGDES, pastor del ministerio familiar de Prairie Lakes Church, Iowa.

«El contenido de este libro lo equipará y guiará como padre o madre a entender el mundo digital. Creo que debería estar en manos de todos los padres, ya que los ayudará a guiar a sus hijos a tomar decisiones sabias.»

ANDREW MCCOURT, pastor principal de Bayside Church.

«El uso incorrecto de las pantallas es la amenaza más grande para la salud emocional, intelectual y física de nuestros hijos en esta década. Todos los padres sabemos que las pantallas pueden ser devastadoras para los niños, pero no tenemos ni idea cómo establecer límites que ellos en verdad respeten. Tenemos miedo. En *Padres, hijos y las pantallas*, Jonathan ofrece consejos que no solo disipan ese temor sino que también nos enseñan el paso a paso para saber cómo establecer esos límites. Lo más extraordinario es que su método ciertamente ayudará a que los niños se acerquen más a sus padres. Ningún padre o madre del siglo XXI debería dejar de leer este libro.»

MEG MEEKER, MD, autora del éxito de ventas a nivel nacional *Strong Fathers, Strong Daughters* [Padres fuertes, hijas fuertes].

«Jonathan McKee ofrece un regalo que todos los padres del siglo XXI deberían recibir: consejos prácticos acerca de qué decir y qué hacer para transformar la barrera de la tecnología, que separa a los hijos de los padres, en un puente que los una de un modo más estrecho.»

KARA POWELL, PHD, directora ejecutiva del Instituto de Jóvenes Fuller; directora de formación de liderazgo en el Seminario Fuller; coautora de *3 Big Questions That Change Every Teenager* [3 grandes preguntas que transforman a todos los adolescentes].

«Si existiera algo parecido a un kit de supervivencia para la adolescencia, dirigido a los padres, este libro formaría parte de él. La sabiduría que encierra va mucho más allá de lidiar con los adolescentes y las pantallas. Llega al corazón de los padres y de su crianza. Lea este libro y no solo estará preparado para el camino que tiene por delante sino que también fomentará una relación más sólida con sus hijos.»

PETE SUTTON, pastor del ministerio de jóvenes en The Compass Church.

«Jonathan McKee se ha convertido en una voz confiable para padres y adolescentes que buscan navegar en la cultura del siglo XXI con sabiduría y discernimiento. En su último libro examina el uso de las pantallas e identifica las formas en las que las familias pueden sortear los mayores obstáculos en cuanto a la tecnología. Es un manual completo y debería ser de lectura obligatoria para cualquier padre cuyos hijos manejen pantallas.»

JIM DALY, presidente de Focus on the Family.

«Si bien hay mucho que decir acerca de las pantallas y del impacto que cruzar estas nuevas fronteras causa en los adolescentes, valoro aún más esta herramienta que Jonathan McKee está poniendo en manos de los padres. Nos recuerda que las conversaciones y las relaciones son mejores que las reglas, y que los padres pueden seguir siendo la mayor influencia en la vida de sus hijos adolescentes. No se apresure en darle una lectura rápida ni se centre en las reacciones que le provoca, sino que lo animo a que permita que todo ello se asiente para luego actuar. Aunque limitar su tiempo frente a las pantallas es importante, su comunicación con su hijo adolescente lo es mucho más.»

JONATHAN MEYER, fundador de *Ignite Youth Leadership Conference*; pastor de jóvenes veteranos con más de 25 años de experiencia.

¡Todo padre necesita tener este libro! No solo responderá a la multitud de preguntas que usted se hace, sino que también lo ayudará a formular y responder interrogantes que ni siquiera había pensado. El libro de Jonathan es la obra más práctica y completa que he leído sobre este tema. Una vez que lo haya leído, querrá regalárselo a todos los padres que conozca.»

CYNTHIA ULRICH TOBIAS, autora superventas de 14 libros, incluídos *Every Child Can Succeed* [Todo niño puede tener éxito] y *A Woman of Strength and Purpose* [Una mujer de fuerza y propósito].

«Le aconsejo que lea este libro, de fácil lectura y aprendizaje. Los conocimientos de Jonathan estimularán su corazón y su mente. Su compasión por los padres y los hijos de todas las edades se refleja en cada página. Sus ideas son importantes, fundamentadas en investigaciones sólidas y en muchas experiencias relevantes y absolutamente alcanzables. Lo mejor de todo es que muestra cómo involucrar a los hijos en la planificación para que sean más conscientes del uso de las pantallas. Tanto ellos como usted sabrán qué hacer, cuándo hacerlo, cómo hacerlo y por qué hacerlo. ¡Y todos tendrán plena esperanza para el futuro!»

DR. KATHY KOCH, fundadora de Celebrate Kids, Inc.; autora de *Screens and Teens* [Las pantallas y los adolescentes].

«Práctico. Concreto. Relacional. Realista. El nuevo libro de Jonathan McKee, *Padres, hijos y las pantallas: Instruyendo con sabiduría en un mundo digital*, ofrece sabiduría atractiva para los padres que luchan contra el omnipresente tema de los preadolescentes y adolescentes, las pantallas y las redes sociales. Si siente que ha cometido graves errores o si sus hijos están a punto de obtener su primer teléfono, los conocimientos de Jonathan McKee, basados en años de trabajo con padres, le ofrecerán a usted y a su familia orientación y esperanza.»

ADAM R. HOLZ, director Focus on the Family's entertainment and technology website *Plugged In.*

«Estamos en medio de una revolución digital que está cambiando nuestro mundo de un modo trascendental, y nuestros hijos se encuentran en la primera línea. Como pastor y padre, necesito ayuda urgente para navegar en este paisaje digital desconocido y en continuo cambio. La capacidad de Jonathan para ver a través de los ojos de los adolescentes, además de que trasciende esta perspectiva como progenitor y experto en el ministerio juvenil, lo convierte en el guía casi perfecto para afrontar los desafíos que significa educar a la generación de las pantallas. Su enfoque práctico, centrado en las relaciones, y con mucho tiempo de investigación, me ha ayudado a invitar a mi familia y a mi congregación a tener conversaciones cruciales acerca de cómo podemos ser más conscientes del uso de las pantallas. Quisiera que este libro llegara a las manos de cada padre de mi congregación.»

PAUL ANDERSON, pastor principal de Grace Valley Fellowship.

«Sé que usted espera una recomendación, tal como: "Este libro es genial, debería leerlo"; sin embargo le diré que si tiene un hijo al que le gusta usar su teléfono, ¡este libro es fantástico así que le suplico que lo lea! Jonathan no solo brinda información privilegiada sobre temas de los que muchos padres no están al tanto, sino que también ofrece ideas súper prácticas para transitar por la vida con un celular. No es un "experto" distante; es un padre experimentado que ha aconsejado a progenitores de todo el país. Seguramente sabrá que la crianza de los hijos no es para débiles… Sin embargo creo que este libro puede aumentar su coraje y sabiduría, ¡y ayudar a que sus hijos triunfen!»

SCOTT RUBIN, director de la próxima generación de EastSide Christian Church.

«Ya no tendrá que criar a la generación de las pantallas con miedo, frustración o falta de conocimiento. Años de trabajo con adolescentes (y criar a sus propios hijos) han convertido a Jonathan McKee en la voz de la razón y en una fuente de sabiduría. En lugar de justificar las señales de advertencia de que su hijo pasa demasiado tiempo frente a las pantallas, se sentirá inspirado a interactuar con él con un propósito renovado. Hay demasiado en juego como para permitir que las pantallas controlen la vida de nuestros hijos. Es hora de que como familia volvamos a conectarnos, y este libro nos ayudará a hacerlo.»

ARLENE PELLICANE, autora de *Parents Rising* (Padres y crianza) y coautora de *Screen Kids* (junto con el Dr. Gary Chapman) [Niños pantalla].

«Criar a adolescentes es lo más difícil que he hecho en mi vida. Cualquier padre que no esté de acuerdo con esto seguramente no lo estará haciendo bien, y casi ningún progenitor diría que las pantallas y los *smartphones* (y todo lo que eso incluye) lo hacen más fácil. ¡Necesitamos ayuda! Y eso es lo que nos ofrece Jonathan: Principios para la crianza prácticos, sencillos, honestos y arraigados en la excelencia que supera los detalles.»

MARK OESTREICHER, fundador y socio de The Youth Cartel; autor de *Understanding Your Young Teen, A Parent's Guide to Understanding Teenage Brains* [Comprendiendo a tu hijo adolescente, una guía para que los padres entendamos la cabeza del adolescente].

«El título de este libro podría ser: *Todo lo que necesito saber acerca de cómo establecer límites en el uso de las pantallas y construir una relación con mis hijos*. En serio, no he conocido una guía más práctica y fácil de leer que ayude a los padres a comprender todo lo que necesitan saber sobre los niños y las pantallas, y aun así gestionar la relación de una manera respetuosa y no controladora. Este manual responde todas las preguntas que alguna vez usted se formuló acerca del tiempo que pueden estar frente a las pantallas, y le proporciona las herramientas para construir la confianza en sus hijos, mientras los ayuda a aprender a ser responsables. Todos los padres deberían leer este libro antes de comprarles un teléfono celular a sus hijos.»

JOSHUA STRAUB, PHD, cofundador y presidente de Famous at Home.

«Todos los padres necesitan esta guía esclarecedora y fácil de usar para navegar en el confuso, y a veces peligroso, mundo digital de las pantallas. Jonathan McKee es una fuente confiable para los padres, y en *Padres, hijos y las pantallas: Instruyendo con sabiduría en un mundo digital*, está en su salsa. Utilizando las investigaciones más recientes, y a través de muchos años de experiencia, entrelaza consejos reflexivos sobre la crianza, una planificación detallada para esas conversaciones difíciles y la sabiduría que lo llenará de esperanza, poniendo en sus manos el éxito al establecer límites al mismo tiempo que les enseña el "por qué" sin dañar la relación. Estos son algunos de los muchos hilos de sabiduría entretejidos a lo largo de este libro: los límites no funcionan sin amor; las barreras carecen de significado sin vínculo; la corrección es ineficaz sin conexión. Jonathan utiliza magistralmente estos principios en todo el libro para ayudarlo a mantener lo principal: que su relación con sus hijos se fortalezca, mientras los guía a través del laberinto digital. ¡Es imprescindible que lleve este libro en su caja de herramientas para la crianza!»

CARRIE ABBOTT, presidenta de The Legacy Institute; presentadora de *Relationship Insights* en radio y podcast.

«Una vez más, Jonathan McKee ofrece un recurso útil para los progenitores. *Padres, hijos y las pantallas* debería ser de lectura obligatoria para los padres, mientras navegan por las aguas inciertas de los *smartphones* y los adolescentes. Las pantallas y las redes sociales, y los niños mal preparados que las usan, son un dilema del siglo XXI. En este libro hay mucha sabiduría para los padres, que les permitirá abordar este problema al que se deben enfrentar a diario de un modo bien pensado.»

BOB JOHNS, pastor de jóvenes en First Woodway Baptist Church.

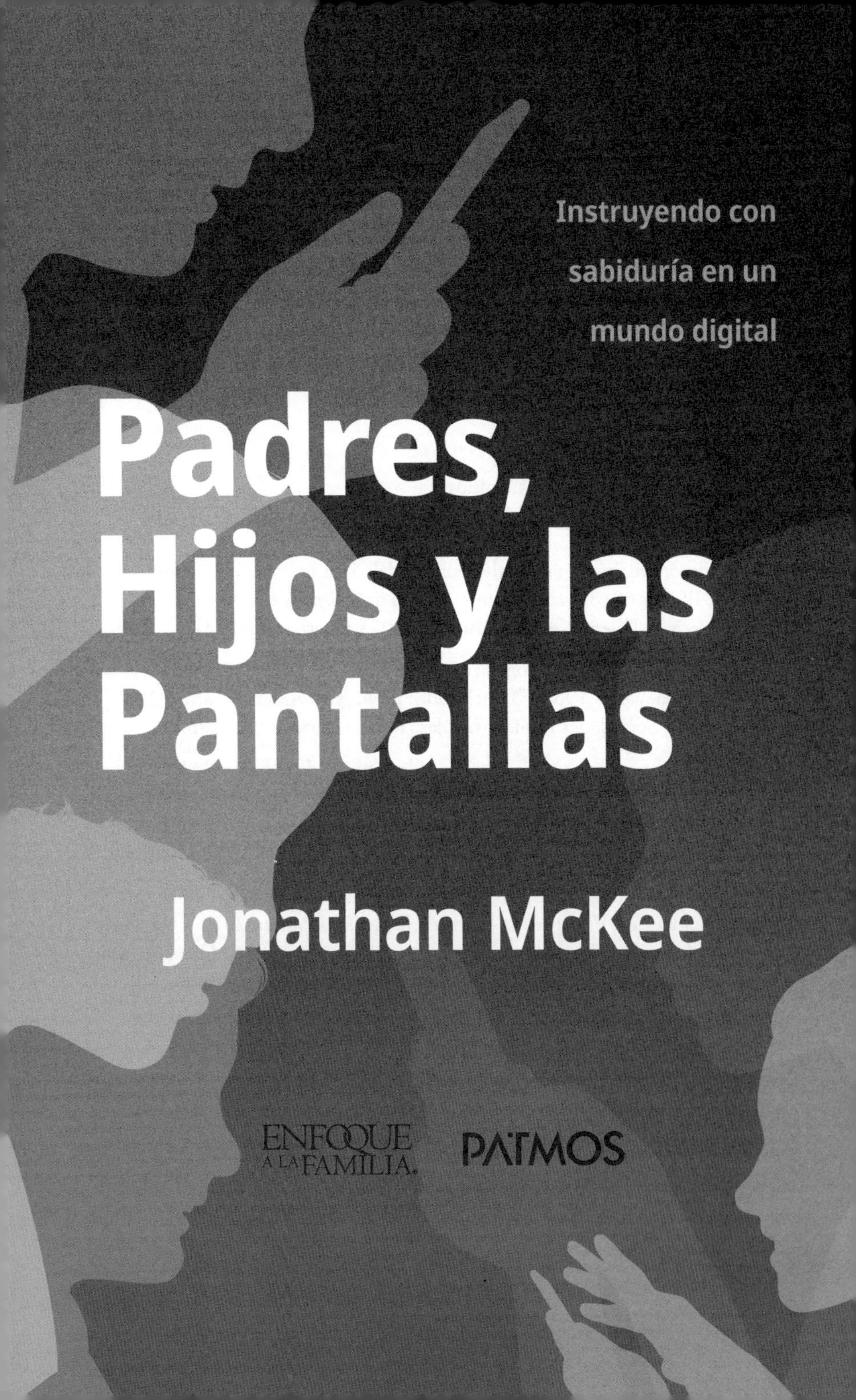

Instruyendo con sabiduría en un mundo digital

Padres, Hijos y las Pantallas

Jonathan McKee

ENFOQUE A LA FAMILIA. PATMOS

Padres, hijos y las pantallas:
Instruyendo con sabiduría en un mundo digital

Publicado por Editorial Patmos,
Miramar, FL 33027, Estados Unidos.

Publicado originalmente en inglés por Tyndale House Publishers, Carol Stream, Illinois 60188, con el título *Parenting Generation Screen: Guiding Your Kids to Be Wise in a Digital World.* © 2021 Jonathan McKee.

Traducido por Loida Viegas Fernandez.
Revisado por Florencia Himitian.
Adaptación del diseño en español por Adrián Romano.

ISBN: 978-1-64691-313-8
ISBN: 978-1-64691-314-5 (eBook)

Categoría: Vida cristiana / Familia.

Impreso en Brasil | *Printed in Brazil.*

Contenido

CAPÍTULO 1

Nadie me habló acerca de esto

Todo lo que usted desearía haber sabido antes de comprarles a sus hijos su primera pantalla

«PAPÁ, ¿ME PRESTAS LAS LLAVES DE LA CAMIONETA?» Esta pregunta no parece inusual, a menos que provenga de su hija de diez años.

Imagine la situación. Su hija entra a su habitación y le dice: «Papá, me gustaría que me prestaras las llaves de la camioneta para poder llevar a mis amigas a encontrarnos con un montón de chicos que nunca habíamos conocido antes y ver qué pasa».

¿Qué le respondería?

La respuesta es bastante clara. No conozco a ningún padre que le daría a su hija de diez años este tipo de libertades.

Pero la mayoría de los padres lo hacen... *cuando les dan un teléfono celular.*

Buenas intenciones

No se sienta mal si ya le dio un *smartphone* a su hijo. La mayoría de los padres y las madres no tenían ni idea de los peligros que esto representa cuando lo hicieron. De hecho, la mayoría de los que conocí en mis talleres para padres me dicen que la razón principal por la que lo hicieron era para mantenerlos a salvo.

«Solo quería que pudieran llamarme en caso de una emergencia».

«Así puedo conectarme con ellos en todo momento».

«Mis hijos practican un deporte y necesitan llamarme para que los busque y los lleve a casa».

Sinceramente, creo que las intenciones de estos padres eran puras. Simplemente no tenían ni idea de que estaban «abriéndole una puerta» a su hijo de diez años.

Estoy utilizando este ejemplo de manera intencional, porque los diez es la edad promedio en la que un niño adquiere un teléfono celular. De hecho, el número de niños que poseen un *smartphone* va aumentando con la edad:

- El 53 % de los niños de once años.
- El 69 % de los niños de doce años.
- El 72 % de los niños de trece años.[1]

Esos números representan a los niños *que ni siquiera han llegado aún a la secundaria*.

En la secundaria, la abrumadora mayoría de los adolescentes están «conectados». El ochenta y nueve por ciento de los adolescentes (de trece a diecisiete años) tiene un *smartphone*,[2] y el noventa y cinco por ciento tiene acceso a las plataformas de las redes sociales[3] más populares.

Los niños que *no* tienen dispositivos se sienten fuera de lugar, y los demás se burlan de ellos. «¿Cómo es que no tienes un teléfono celular? ¿Estás bromeando? ¿Eres amish o algo así? ¡Oigan todos, miren esto! ¡La mamá de Braden no le permite tener un celular!»

Así que, por la razón que sea, la mayoría les dimos a nuestros hijos un dispositivo con un potencial mucho mayor al que nunca hubiéramos imaginado.

Así sucedió con la mamá de una niña a la que llamaré Christine. Ella se acercó a mí en uno de mis talleres para padres, luego de que todos los demás ya se habían ido. La había visto de pie a lo lejos, notablemente ansiosa.

«¿Puedo hacerle una pregunta?», inquirió.

«Por supuesto».

«Se trata de mi hija Christine».

«¿Cuántos años tiene?», le pregunté.

«Trece. Y en este momento no tiene permiso para usar su celular. Se lo he quitado.»

«¿Cuándo obtuvo su primer teléfono?»

«Hace un año. Pero le dije que no podía usar redes sociales ni nada de eso».

«¿Le funcionó?»

«No, no me funcionó», respondió con sinceridad. «Descargó una aplicación de redes sociales que yo ni siquiera conocía».

«¿Tenía controles parentales configurados en su teléfono?»

Bajó la cabeza. «No. No sabía cómo hacer eso».

«Lo entiendo perfectamente», respondí, en un intento por consolarla. «Es difícil mantenerse al día en estos tiempos. ¿Qué sucedió después?»

«Conoció a un chico que le decía todo lo que quería escuchar, y hablaba con él hasta altas horas de la noche».

«¿Qué edad *decía* tener el chico?» (Palabra clave: *decía*).

«Diecisiete», respondió. «Dijo que iba a la escuela secundaria local. Ella estudia en casa».

Acabé su historia por ella: «Pero usted descubrió que, en realidad, no era un adolescente ¿verdad?»

«Sí». Me miró con la expresión de: «¿Cómo lo sabía?», que suelo ver en mis talleres para padres.

«Así que, ¿le pidió una foto de ella desnuda?» Nuevamente noté la misma mirada. «Se lo pregunto porque esto sucede todo el tiempo», le expliqué. «No está sola. He escuchado historias como la suya de mamás de todo el país.»

«Sí», respondió, contestando a mi pregunta acerca de la foto. «Lo hizo».

«¿Y ella le envió la foto?»

La mamá miró hacia abajo. «Sí. De… (se esforzó por acabar la frase) del busto».

«Y todo cambió una vez que envió la foto, ¿verdad?»

«Sí. El chico le empezó a insistir que se encontraran, o de lo contrario les mostraría la foto a todos.»

«Entonces, ¿se encontraron?»

«Ella quedó a una hora, pero luego se lo contó a su amiga, quien se lo comentó a su mamá, que a su vez me lo contó a mí. Llamamos a la policía. Todavía están tratando de encontrarlo.» Limpió una lágrima que rodaba por su mejilla. «No te dicen estas cosas cuando le compras un teléfono celular a tu hijo».

«No, ciertamente no lo hacen».

A la semana siguiente, otra mamá se me acercó después de uno de mis talleres al otro lado del país.

«¿Cómo puedo hacer para que mi hijo deje de jugar videojuegos literalmente todo el día?», me preguntó.

«¿Cuánto tiempo suele jugar?», le pregunté.

«Durante la época escolar, desde que llega a casa hasta altas horas de la noche. La tarea es algo secundario. En verano es aún peor. Se despierta al mediodía y agarra el mando antes de que sus pies toquen el suelo. Si no lo llamamos para cenar no sale de su habitación para nada hasta acabar de jugar después de medianoche.»

«¿Ha intentado limitar su tiempo de juego?», le pregunté.

«Sí. Pero descubrimos que lo hace a escondidas cuando estamos en el trabajo o cuando llevamos a gimnasia a su hermana. Hemos intentado llevarlo con nosotros, pero solo se queja y nos entristece a todos. Odio admitirlo, pero es más fácil dejarlo en su habitación con sus estúpidos juegos.»

Y entonces lo soltó: «Desearía haber sabido eso antes de comprarle ese dichoso sistema de juegos».

Unas semanas después, a mil doscientas millas de distancia, otra mamá me detuvo y me preguntó: «¿Cómo puedo convencer a mi hija de que sus notas siguen importando, aun cuando quiere ser una *influencer* en las redes sociales?»

«¿Qué plataforma utiliza?», le pregunté. «¿YouTube? ¿TikTok?»

«YouTube. Publica un blog semanal y tiene alrededor de novecientos seguidores. Leyó en algún artículo que solo necesita quinientos seguidores para ser *influencer*. Ha abandonado sus planes de convertirse en maestra y ahora quiere ser *influencer* a tiempo completo. ¡Ni siquiera mira las solicitudes para la universidad!»

«No está sola», tranquilicé a la mamá. «El ochenta y seis por ciento de los adolescentes quieren ser *influencers* de algún tipo hoy en día.[4] Pero menos de una vigésima parte de un uno por ciento puede hacerlo a tiempo completo.»

Entonces ella lo largó: «La escuela no me advirtió estas cosas cuando le dieron una computadora portátil para su educación a distancia».

Un mes después, en mi estado natal, un padre me preguntó: «¿Qué se hace cuando uno descubre a su hijo mirando imágenes inapropiadas en su habitación a altas horas de la noche?»

«¿Siempre tiene su celular en su habitación?», le pregunté.

«Ahora no. Pero cuando se lo quité lo descubrí de nuevo, esta vez con un teléfono viejo que ni siquiera estaba activado. No recordábamos que seguía teniéndolo.»

«Sí, los celulares o las *tablets* viejas aún se pueden conectar al Wi-Fi incluso sin un plan de datos activo. Constantemente escucho a padres contándome historias de niños que usan dispositivos antiguos en sus habitaciones».

Y entonces lo volví a escuchar: «¿Cómo es que nadie te dice estas cosas?»

Exactamente por eso escribí este libro.

A un clic de distancia

Es cierto. Nadie te avisa estas cosas cuando estás comprando las primeras pantallas para tus hijos en Navidad. Tampoco se les exige a los niños que aprendan nada acerca de cómo ser sabios en el uso de las pantallas antes de obtener un dispositivo. La mayoría de los padres se limita a entregarles las llaves.

Lamentablemente, los ejemplos que acabo de compartir no son los únicos. Estoy siendo totalmente sincero cuando digo que escucho historias como estas en *cada* ciudad en la que hablo, y no solo de parte de los padres. De hecho, cada vez que hablo de esto en asambleas escolares, los niños se acercan a mí después y me hacen preguntas sobre algo que acaba de suceder en su escuela… en su dispositivo… que mamá y papá no sabían… y que les está causando muchísima ansiedad, depresión y lágrimas sin precedentes.

¡Esa es la cuestión! No que las pantallas sean malas, pero innegablemente han expuesto a los niños a mayores riesgos en cuanto a su seguridad física y su salud mental. Y aunque muchos de nosotros nos enfrentamos a riesgos similares cuando éramos jóvenes, nuestros dispositivos modernos solo han amplificado los peligros por dos sencillas razones:

- Han aumentado la accesibilidad a contenido perjudicial y a personas peligrosas.
- Han disminuido la responsabilidad.

La pornografía estaba disponible cuando yo era adolescente, pero los niños tenían que esforzarse para encontrarla. Hoy en día está a solo un clic de distancia, gracias a los dispositivos que todos llevamos en nuestros bolsillos. Los pedófilos han existido durante milenios, pero ahora tienen acceso ilimitado a niños que comparten demasiada información sobre ellos mismos y que están desesperados por tener «seguidores». Los jóvenes siempre han luchado con la autoestima, pero ahora llevan consigo dispositivos que les dicen exactamente cuántos amigos tienen los demás, cuántos más seguidores tienen los demás y cómo compararse exactamente con todos los demás que son más

La pornografía estaba disponible cuando yo era adolescente, pero los niños tenían que esforzarse para encontrarla. Hoy en día, está a solo un clic de distancia.

populares, más guapos y más creativos que ellos. Y estos dispositivos siguen con nuestros hijos literalmente a todas partes: en la escuela, en el hogar, en el dormitorio, en el baño...

Mayor accesibilidad; menor responsabilidad.

No es de extrañar que muchos expertos en salud mental, como la Dra. Jean Twenge, afirmen que los *smartphones* pueden estar destruyendo a una generación de adolescentes.[5] Pero no tiene que ser así.

No es demasiado tarde

Los padres *pueden* hacer algo para proteger a sus hijos. Y no, la respuesta no es prohibirles el uso de las pantallas hasta que sean adultos y se muden de casa. Todo lo contrario.

Pero, al mismo tiempo, no es necesario «entregarle las llaves» a tu hijo de diez años.

Consideremos por un momento a Christine, la historia real que mencioné con anterioridad acerca de la niña de trece años a quien su madre terminó quitándole el celular. Si la mamá de Christine pudiera volver atrás, sé que repensaría sus decisiones y probablemente manejaría los siguientes problemas de un modo diferente:

1. La mamá de Christine decidió darle un teléfono a los doce años, mientras que la mayoría de los expertos aconsejan a los padres que esperen hasta que sus hijos sean mayores y un poco más maduros. (Lo abordaremos en detalle en el capítulo 3). La mamá de Christine no sabía eso. De hecho, su hija fue una de las últimas niñas del grupo de jóvenes de su iglesia en tener un celular. La presión era grande. Así que su mamá acabó cediendo y le compró uno. *Le entregó las llaves a su hija de doce años.*
2. La mamá de Christine le advirtió: «Nada de redes sociales ni nada de esas cosas malas», pero nunca le hizo cumplir la regla. De modo que no pasó mucho tiempo antes de que Christine mintiera y se uniera a las redes sociales. Muchos padres permiten que los niños pequeños usen redes sociales, como *Snapchat*,

Instagram, *TikTok* y *Twitter*, pero desconocen que los niños menores de trece años ni siquiera pueden descargar esas aplicaciones sin mentir acerca de su edad. (Hablaré más sobre eso en el capítulo 3). Los niños menores de trece años no deberían estar en redes sociales. Punto. Al menos la mamá de Christine le dijo que no se metiera en las redes sociales, pero...

3. No configuró ningún control parental. Christine era libre de hacer lo que quisiera con su dispositivo. Imagine si hubiese sido un automóvil. Sería libre de conducir tan rápido como quisiera, sin cinturón de seguridad, con la radio a todo volumen, con amigos asomándose por el techo corredizo, sin policías patrullando las carreteras. (Hablaremos más sobre los controles parentales útiles en el capítulo 8).
4. No estableció límites. La mamá de Christine mencionó que su hija hablaba con este chico «hasta altas horas de la noche». Eso son muchas horas. Vivimos en un mundo en el que los adolescentes promedian nueve horas y cuarenta y nueve minutos al día consumiendo medios de entretenimiento, incluidas siete horas y veintidós minutos promedio en las pantallas.[6] Pero casi todos los expertos recomiendan que los padres limiten el tiempo frente a la pantalla en cierta medida, en especial en las redes sociales. Sí, ha habido mucho debate sobre este tema, con reacciones exageradas en ambos lados, pero descubrirás que casi todos los expertos están de acuerdo en algunas pautas innegociables acerca del tiempo frente a la pantalla, incluido el punto de que definitivamente no se debería permitir un acceso ilimitado a las redes sociales durante toda la noche. (Mencionaré más sobre el tiempo frente a la pantalla en el capítulo 6).
5. Permitió que Christine tuviera el celular en su habitación por la noche. La muchacha no solo estaba usando su teléfono por muchas horas; también estaba «desperdiciando las horas» cuando se suponía que debía estar durmiendo. Eso significa que era una del 79 por ciento de los adolescentes que guardan sus teléfonos en sus habitaciones cada noche,[7] a pesar de que

todos los profesionales de la salud mental opinan que eso es una pésima idea. (Hablaremos más sobre los efectos de permitirles que tengan los teléfonos en la habitación en el capítulo 4).

6. La mamá de Christine nunca le informó a su hija acerca de los comportamientos de los depredadores. Por lo tanto, la chica no sospechó cuando un desconocido le envió un mensaje directo (DM), haciendo todas las preguntas correctas mientras evitaba *FaceTime* u otras plataformas donde ella pudiera verlo en tiempo real. Ni siquiera se alarmó cuando le pidió que le enviara una «foto desnuda» y finalmente se encontraran en persona. Este tipo estaba siguiendo el manual del depredador al pie de la letra, pero Christine no sabía cómo reconocer los comportamientos predatorios. (Hablaremos de esto en detalle en el capítulo 7).
7. Christine no tenía idea de que algo de esto podría suceder, porque su mamá nunca le habló de ello. Incluso si su mamá hubiera establecido todos los límites y controles parentales disponibles (recuerde que Christine era una niña que se crió de manera muy protegida en su casa), la decisión sobre cómo usar las redes sociales era, en última instancia, de ella. *Las reglas no educarán a sus hijos.* Realmente debe enseñarles a tener discernimiento para que puedan tomar decisiones por ellos mismos. (Desarrollaremos esto a lo largo del libro).

Las reglas no educarán a sus hijos. Realmente debe enseñarles a tener discernimiento para que puedan tomar decisiones por ellos mismos.

No es demasiado tarde para Christine y su mamá. Ambas están comenzando de nuevo. La madre está esperando un tiempo antes de devolverle su teléfono. De hecho, ahora se reúnen para desayunar una vez a la semana, leen juntas mi libro *La guía del adolescente para las redes sociales y los dispositivos móviles,* y hablan acerca de los problemas del mundo real, incluido lo que Christine publica, de quién se está haciendo amiga y qué está viendo en línea. La madre está equilibrando los límites y la conexión emocional. No solo está haciendo cumplir las reglas; también está siendo proactiva al involucrar a Christine en conversaciones significativas acerca de cosas importantes.

Si usted es un padre (o tutor) que quiere ser proactivo en cuanto al uso de las redes sociales, es muy probable que se haya hecho estas preguntas:

- ¿A qué edad debería darles a mis hijos un teléfono o cualquier otro dispositivo? Después de todo, sus amigos ya tienen.
- Y si ya les he dado un teléfono a mis hijos, ¿qué debo hacer ahora? ¿Quitárselos hasta que sean mayores?
- ¿Debería configurar controles parentales? Y, en ese caso, ¿cuáles? ¿Deben cambiar esos controles a medida que mis hijos crezcan?
- ¿A qué edad debería permitir que mis hijos usen las redes sociales? ¿Qué efecto tienen realmente en su salud mental? ¿Son seguras?
- ¿Y el tiempo frente a la pantalla? ¿Realmente afecta a los niños? ¿Cuántas horas son demasiadas? ¿Cambia el número de horas los fines de semana, durante el verano o cuando nuestro país pone a todos en cuarentena en sus hogares sin nada que hacer?
- ¿Y si mis hijos quieren llevar sus dispositivos a sus habitaciones por la noche? La abrumadora mayoría de los niños lo hace, ¿así que los míos serán los raros de la clase si les exijo que me entreguen sus teléfonos todas las noches?
- ¿Cómo protejo a mis hijos de los depredadores en línea? Todos los jóvenes quieren tener más seguidores hoy en día, así que «aceptan» como amigos a cualquiera y a todos. ¿Cuáles son las consecuencias y cómo puedo ayudar a mis hijos a reconocer comportamientos de depredadores?
- Lo más importante, ¿cómo se supone que debo ayudar a mis hijos con todo esto cuando parecen saber más que yo sobre tecnología? ¿Cómo puedo enseñarles discernimiento con un dispositivo que ni siquiera entiendo?

Buenas preguntas. Permítame tranquilizarlo de inmediato diciéndole que es casi imposible mantenerse al día con la tecnología… *y tampoco necesita hacerlo.*

No tiene que ser un experto en cada nueva aplicación que se lance ni en cada artista musical que sus hijos encuentren. Solo debe entender algunos principios generales de seguridad que se aplican a todos los dispositivos, aplicaciones y entretenimientos, y luego ejercer discernimiento.

Si tiene esta comprensión básica, cuando su hijo le haga alguna pregunta al azar, como por ejemplo: «Mamá, papá… ¿puedo descargar la aplicación *Houseparty*?», podría responderle: «No lo sé. Pero vamos a investigarlo juntos.»

Y sabrá exactamente qué verificar.

Sumerjámonos en ello. La mejor manera de comenzar es conectándose antes de corregir.

Preguntas para debatir con su hijo:

1. Sea sincero: ¿cuál es su dispositivo favorito y por qué?
2. ¿Cuáles son los dispositivos y las actividades favoritas de sus hijos?
3. ¿Por qué cree que los padres les están dando dispositivos a sus hijos a edades cada vez más tempranas, sin proporcionarles orientación alguna sobre cómo ser sabios con sus pantallas?
4. ¿Ha notado que el aumento de la accesibilidad a contenidos perjudiciales, a través de las pantallas, ha disminuido la responsabilidad de los adolescentes en cuanto al tipo de entretenimiento que están viendo?
5. Jonathan mencionó siete problemas que la mamá de Christine probablemente reconsideraría y manejaría de forma distinta si pudiera empezar de nuevo. Mencione solo uno de estos problemas que le haya parecido de vital importancia.

6. Jonathan dijo: «Las reglas no educarán a sus hijos. Realmente es necesario que les enseñe a tener discernimiento para que puedan tomar decisiones por ellos mismos». ¿Cómo podría intentar hacer eso con sus hijos esta semana?

CAPÍTULO 2

Primero conexión, después corrección

Cómo sustituir una reacción exagerada por una adecuada interacción

CONOCÍ A MI ESPOSA LORI cuando tenía diecinueve años, me enamoré perdidamente de ella y nos casamos a los veinte.

Pero había un problema. Yo era un joven inmaduro. No sabía cómo llevarme bien con alguien las 24 horas. ¡Era como trabajar a tiempo completo!

Así que los primeros años de nuestro matrimonio fueron la escuela relacional de los golpes duros para mí. Aprendí casi todo a base de ensayo y error. Por ejemplo, cuando Lori llegaba del trabajo a casa, cansada, despotricando acerca de lo ocurrido en el día, y me hacía preguntas como: «¿Qué se supone que debo hacer?», me llevó algunos años darme cuenta de que en realidad ella no buscaba una respuesta.

Esa fue una lección difícil de aprender. Después de todo, soy un solucionador. Cada vez que Lori me contaba sus frustraciones del trabajo, yo estaba listo para ofrecerle mis teorías acerca de cómo solucionar el problema. Pero lo que ella quería no era que yo resolviera sus problemas sino que la escuchara.

Seguramente muchos de ustedes también deben ser solucionadores. Algunos ni siquiera sienten la necesidad de dejar que el otro termine de decir lo que piensa, y enseguida lo interrumpen: «Sé lo que vas a decir y esto es lo que deberías hacer…»

Lori no quería que yo le dijera qué hacer. Simplemente quería que la comprendiera y le respondiera: «Es terrible lo que te sucedió. Pareces frustrada. Yo también estaría irritado. Tomémonos un buen helado.»

Simplemente quería que yo tuviera empatía con ella (y Ben & Jerry's Chunky Monkey), no que le diera una solución rápida.

¿No es así como nos sentimos todos?

Resístase a las soluciones rápidas

Eso es lo mismo que sucede con nuestros hijos y las pantallas: las soluciones rápidas no funcionan. Muchos de nosotros cuando leemos un libro como este, o asistimos a un taller de crianza que nos advierte acerca de los riesgos de las redes sociales y/o nos recomienda poner ciertos límites a las pantallas, tenemos la reacción de imponer una regla rápidamente.

> ***No estoy sugiriendo que deje que sus hijos hagan lo que quieran. Solo estoy recomendándole que elija primero la conexión y después la corrección.***

Cuando un orador comparte algunos ejemplos sentimos la necesidad de llegar a nuestra casa y establecer reglas estrictas para nuestros hijos. O tal vez, en lugar de leer todo el libro, algunos leemos medio capítulo y ya convocamos a una reunión familiar.

«¡Niños, bajen! ¡Ahora! Y traigan sus celulares.»

(Sea sincero: Ya estaba pensando en hacer eso, ¿verdad?)

Espere unos días. Tal vez incluso un par de semanas. Resístase a la tentación de imponer una solución rápida, reaccionando exageradamente y confiscando las pantallas de tus hijos.

En el informe de 2020 *Tweens, Teens, Tech, and Mental Health*, los investigadores mencionan que: «Los conflictos ocasionados por las pantallas son comunes a todas las familias y, en muchos casos, esta polémica es probablemente más perjudicial para la salud mental de los adolescentes que el tiempo que pasan frente a ellas».[8]

No se preocupe. No estoy sugiriendo que deje que sus hijos hagan lo que quieran. Solo estoy recomendándole que elija primero la conexión y después la corrección.

¿Por qué?

Porque es cierto el viejo dicho que reza: *Las reglas sin relación solo conducen a la rebelión.* Lo he visto cientos de veces. Madres y padres que quieren educar bien a sus hijos y se limitan a establecer reglas, seguidas de un «Porque lo digo yo».

Sin embargo, el tema es así:

- Los límites no funcionan si no hay amor.
- Las barreras carecen de significado sin un vínculo afectivo.
- La corrección es ineficaz si no hay conexión.

Me parece interesante que el pasaje más importante de la Biblia acerca de la crianza de los hijos no parece recomendar que establezcamos controles parentales en los dispositivos de nuestros hijos y nos alejemos. Echa un vistazo a Deuteronomio 6:6-7 (NVI):

> «Grábate en el corazón estas palabras que hoy te mando. Incúlcaselas continuamente a tus hijos. Háblales de ellas cuando estés en tu casa y cuando vayas por el camino, cuando te acuestes y cuando te levantes.»

Estos versículos recomiendan mucho más que solo establecer controles parentales o bloqueadores de pornografía.

¿Realmente quiere transmitirles valores a sus hijos? Haga lo siguiente: Hábleles de estos cuando estén sentados a la mesa, cuando caminan por la calle, cuando se acuestan y cuando se levantan.

Hábleles.

A la mañana, durante el día, a la noche.

Le comparto una idea bastante clara acerca de lo que es el diálogo. Puede mantener una conversación con sus hijos mientras conduce el auto camino a la escuela, cuando van juntos a la tienda, cuando están sentados alrededor de la mesa para cenar o cuando los arropa en la cama por la noche. Eso es tener conexión 100 %. Esas conversaciones sientan las bases para que ellos comprendan cuáles son los valores de su familia y el por qué detrás de cada regla o corrección necesaria.

Primero conexión, después corrección.

La conexión es una herramienta de enseñanza mucho más eficaz que la corrección.

Se trata de un principio muy importante. Vuelva a leerlo.

La conexión es una herramienta de enseñanza mucho más eficaz que la corrección.

Vuelvo a repetir, *no* estoy diciendo que usted no debe corregir a sus hijos. No soy uno de esos padres que creen que los hijos deben hacer lo que quieran. En absoluto. Este libro está lleno de límites útiles que pueden evitarles un montón de problemas a sus hijos (y *un montón* es mucho). Pero la realidad es la siguiente: Sus hijos aprenderán mucho más de los valores en los tiempos de conexión que por las reglas que les imponga. Sus hijos absorbieron *mucha más* verdad aquella noche que pasaron tiempo juntos hablando frente al calor del hogar que cuando instaló filtros para que no accedieran a páginas pornográficas en su computadora. Al decir esto mi intención no es afirmar que no deben tener filtros de contenidos para adultos.

Sus hijos aprenderán mucho más acerca de los valores en los tiempos de conexión que por las reglas que les imponga.

Solo estoy señalando que poner filtros para que no accedan a páginas pornográficas sin tener conversaciones con ellos acerca del propósito de Dios para el sexo y la intimidad no alcanza. Así que por el momento pulse el botón de «pausa» en cuanto a establecer reglas.

Con eso me refiero a que debe resistirse a la tentación de quitarles tiempo frente a las pantallas o imponerles nuevas reglas mientras esté inmerso en la lectura de este libro.

Mientras lo esté leyendo, durante las próximas semanas, le sugiero que haga lo siguiente:

- No les confisque ninguna pantalla.
- No se arrepienta de haberles dado a sus hijos pantallas.
- No se queje de los aspectos negativos de las redes sociales.
- No les imponga nuevos límites a sus dispositivos.

Espere antes de corregirlos. Presione el botón de «pausa» para evitar tener una reacción exagerada. Reemplacemos la exageración por la interacción. Ya habrá tiempo suficiente para la corrección… pero después de enfocarse en la conexión.

Entonces, ¿cómo hacer para que la conexión sea proactiva antes de aplicar la corrección? ¿Cómo se lleva a cabo?

Me alegra que se lo haya preguntado. Yo tardé bastante tiempo en descubrirlo; lo aprendí por ensayo y error.

Los siguientes cinco pasos me ayudaron enormemente, y han ayudado a miles de padres que asistieron a mis talleres.

Volveremos a ellos una y otra vez a en este libro, a fin que usted pueda ayudar a sus hijos a aprender el importante principio de que deben ser conscientes en el uso de las pantallas.

Cinco pasos para poner en práctica la conexión antes que la corrección

1. Organice una reunión familiar... pero no la llame así

Después de casi treinta años de trabajo en el ministerio juvenil, una de las quejas más frecuentes que he escuchado de los niños es: «Mis padres no me entienden».

Y muchos no los entienden. La comprensión comienza observando y escuchando. Nuestros hijos tienen un profundo deseo de que se les preste atención y se los escuche. Lamentablemente, cuando estamos tan absortos en nuestras propias pantallas estamos ajenos a nuestros hijos, y con frecuencia ellos se refugian en sus propias pantallas en busca de que alguien les preste atención.

Permita que esta realidad se asiente por un momento.

La pequeña Jennifer no recibe mucha atención de su papá, así que se refugia en *Instagram* y en *TikTok* en busca de atención masculina.

Y eso no debe ocurrir.

Deles a sus hijos la oportunidad de ser escuchados. Una de las mejores formas de hacerlo es a través de una conexión proactiva. No, no tiene que ser una reunión familiar «oficial». Puede ser tan simple como iniciar una conversación con sus hijos luego de la cena.

Por ejemplo, podría decirles: «Oigan todos, antes de levantarnos de la mesa esta noche, tengo una pregunta y me encantaría escucharlos a cada uno de ustedes: Si tuvieras trescientos dólares para gastar en Target, ¿qué comprarías y por qué?»

Sí, yo comienzo cada reunión familiar con una pregunta divertida. La nuestra siempre fue: «¿Qué fue lo mejor y lo peor de tu día hoy?»

Y lo hago por dos razones:

- En primer lugar, ayuda a romper el hielo hacer una pregunta que los niños no vean como algo amenazante y que, por lo tanto, pueden responder mal. Es una pregunta segura.
- Crea un ambiente divertido donde todos sienten que se los escucha y se les presta atención. Todos tienen su turno para hablar.

Una vez que todos terminen de responder, puede abordar el tema de la discusión.

2. Pida la opinión de sus hijos

Independientemente del tema que quiera discutir, asegúrese de pedir la opinión de sus hijos. Evite las charlas largas. Simplemente plantee el tema o el asunto, y deles a todos la oportunidad de participar sin interrupciones.

Supongamos que usted decide abordar el tema del tiempo límite que desea que estén frente a las pantallas. Primero explíqueles la situación y luego pregúnteles a ellos qué piensan al respecto.

Por ejemplo: «Me he dado cuenta de que muchos de nosotros pasamos horas en nuestras habitaciones y apenas nos vemos. A veces, mamá y yo también nos aislamos en nuestras propias pantallas. Ahora bien, a todos nos encanta estar frente a nuestras pantallas, pero me pregunto: ¿Cuándo esto se vuelve poco saludable? ¿Cuánto tiempo es demasiado? ¿Qué opinan ustedes?»

Después de formular las preguntas, deles a todos la oportunidad de responder y escuche cuidadosamente cada una de sus respuestas.

Esto puede parecer sencillo, pero escuchar puede ser bastante difícil para algunos padres, sobre todo si usted es una persona que siempre trata de resolver los problemas. Es posible que tenga la tentación de intervenir y de solucionar el asunto de inmediato.

Resístase al deseo de resolverlo. No intente corregir a sus hijos de ninguna manera.

3. Practique la empatía

En lugar de eso, utilice estos momentos de escucha para practicar la empatía. ¿Es usted un buen oyente? ¿Se pone en el lugar de sus hijos en vez de escuchar lo que ellos dicen sin más?

Esa es una buena forma de saber si hay empatía: ponerse en el lugar del otro. El objetivo de escuchar no solo consiste en oír, o incluso en comprender; es mucho más que eso. Se trata de sumergirse en el mundo de sus hijos e intentar caminar por donde ellos caminan, ver la vida desde su perspectiva, entender sus puntos de vista e incluso, tal vez, sentir lo que ellos sienten.

Imagine que su hija de doce años le dice que quiere usar *TikTok*. Su primera reacción podría ser negárselo de inmediato. Después de todo...

- Los niños deben tener trece años para registrarse. Si no es así deben mentir acerca de su edad para poder usar la aplicación. Y su hija tiene doce años. Caso cerrado.

- La aplicación no filtra las conversaciones ni el lenguaje vulgar. Es difícil pasar unos minutos en *TikTok* sin escuchar o leer palabras obscenas.
- Cuando uno abre una cuenta en esa red social, la configuración de privacidad está predeterminada en «pública». Y uno debe cambiarla manualmente a «privada» para tener el control de aprobar quién lo sigue, quién ve sus videos y los comenta, o quién pone «me gusta» en sus publicaciones. Sin embargo los niños hoy en día no quieren cambiar la configuración predeterminada a privada porque eso significa tener menos seguidores, y de eso se trata. (Ampliaremos esto más adelante).

Entonces, cuando su hija le dice que quiere registrarse en TikTok, su primer impulso podría ser: «Ni siquiera me lo preguntes, porque ya sabes que la respuesta es no».

Y, sinceramente, la respuesta debería ser no porque solo tiene doce años. Pero recuerde: *Primero conexión, después corrección.* Así que escuche lo que ella tiene para decirle. Póngase en su lugar. Empatice con ella. Si dedica tiempo a escuchar su punto de vista, ella podría contarle que todos sus amigos tienen TikTok y se burlan de ella por no tenerlo. Resista la tentación de responder con un: «Bueno, si todos se tiraran por un precipicio, ¿tú también lo harías?»

En cambio, tal vez puede decirle: «Parece que estás realmente frustrada porque muchos de tus amigos tienen esta aplicación y tú no».

«Sí, lo estoy», podría responder ella.

«Y para empeorar las cosas», prosigue, «se burlan de ti por eso».

«Sí».

Luego, continúe mostrándole empatía al añadir: «Lamento mucho que te traten de esa manera. Eso no es justo.»

Y es allí donde radica la dificultad para muchos padres. Porque el siguiente paso natural a partir de ese punto es o ceder y permitir que su hija tenga algo que podría no ser bueno para ella, o soltar una bomba y decirle que no.

4. Pregúnteles: «¿Qué les parece mejor?»

En lugar de eso, inquiera: «¿Qué te parece mejor?» Cuando no esté seguro de cómo responder ante una situación, pregunte a sus hijos qué harían ellos. Esta es una excelente forma de ganar tiempo.

Tal vez su hijo de catorce años le está pidiendo que le permita comprar un videojuego que le parece violento, pero la mayoría de sus amigos de la iglesia lo juegan. Y usted no tiene claro qué hacer.

Luego de escucharlo y empatizar con su punto de vista, hágale esta pregunta: «Si tu hijo de catorce años te pidiera jugar a ese juego, ¿qué crees que le responderías?»

He utilizado esta estrategia con mis propios hijos más veces de las que puedo recordar. Y realmente es muy útil, porque la vida está llena de momentos complicados en los que la respuesta no es tan evidente para nuestros hijos. Al indagar qué es lo correcto los desafiamos a reflexionar acerca de sus valores personales y a que tomen una decisión sabia. Después de todo, ¿no tendrán que hacer esto por ellos mismos algún día en una residencia universitaria o en un cuartel del ejército a mil quinientos kilómetros de casa? ¿No sería bueno que sus hijos comiencen a practicarlo ahora mientras aún están bajo su guía?

5. Retrase la corrección y la toma de decisiones

Cuando sus hijos le cuenten lo que harían en esa situación, resista la tentación de establecer límites o de tomar una decisión de inmediato. En lugar de eso, tómese el tiempo de considerar la perspectiva y los sentimientos de sus hijos.

Sea sincero con ellos y dígales: «Necesito tiempo para pensarlo. Realmente quiero considerar lo que me has dicho. Así que dame unos días para investigarlo, pensarlo y orar al respecto.»

Y a continuación haga exactamente eso. Investigue el tema, piénselo y ore específicamente: *Señor, por favor ayúdame a hacer lo correcto. Ayúdame a considerar las opiniones y sentimientos de mi hijo. Dame sabiduría. Ayuda a mi hijo a estar receptivo a mi decisión. Y ayúdame a responder del modo adecuado en ese momento.*

Un acto de equilibrio

Estos cinco pasos me han ayudado a priorizar la conexión *antes* de la corrección. Parecen estar en desacuerdo entre sí. Amamos tanto a nuestros hijos que queremos darles todo lo que desean, pero no queremos consentir en algo que les haga daño. El problema es que a los niños no les gustan las reglas, ni siquiera los límites amorosos. Por lo tanto, los padres luchan constantemente por lograr un equilibrio entre el vínculo afectivo y los límites.

Nadie explica mejor esta tensión que el Dr. Dan Allender en su libro *How Children Raise Parents* (Cómo los hijos educan a los padres). Dan se centra en dos preguntas clave que formulan nuestros hijos:

1. ¿Me amas?
2. ¿Puedo hacer lo que quiero?

Un padre amoroso respondería esas preguntas de la siguiente manera:

1. Sin duda, sí.
2. Sin duda, no.

Y allí radica la tensión. Amor y límites. Vínculo afectivo y barreras. Conexión y corrección.

¿Hacia qué lado de la balanza usted se inclina? ¿Tiene la tendencia de centrarse en el amor, el vínculo y la conexión, o en los límites, las barreras y la corrección?

Si descubre que decanta por el lado de la corrección, lo animaría a descubrir formas de establecer conexión con sus hijos como prioridad durante esta semana.

Aquí le dejo algunas ideas:

- Lleve a cada uno de sus hijos a tomar un aperitivo, solo ustedes dos. Use este momento para hacerle preguntas acerca de las cosas que él disfruta, y luego escuche los pensamientos y sentimientos que le comparte.

- Entre en la habitación de su hijo, acuéstese en el suelo junto con él o ella y pregúntele: «¿Qué fue lo mejor de tu día hoy?» O: «Dime una cosa, ¿que desearías que entendiera de ti?» Y luego, simplemente escúchelo.
- Si su hijo está jugando a un videojuego o viendo videos en YouTube, únase a él. Resista la tentación de preguntarle cuántos minutos de pantalla lleva acumulados. En cambio, solicítele: «¿Puedo unirme?»

Sea proactivo en la conexión esta semana.

Tiempo para la corrección

Y entonces, ¿cuándo corregimos a nuestros hijos? ¿Cuándo nos sentamos con ellos y les damos la mala noticia: «Lo siento, no se permite el teléfono en la habitación»?

A algunos de ustedes tal vez les resulta más fácil la conexión pero no tanto la corrección. Mientras lee este libro, usted podría pensar: *¡Vaya, he permitido que mis hijos tengan demasiada libertad!*

¿Cómo podemos introducir algunos límites con amor?

¿Qué límites necesitan realmente nuestros hijos?

Eso es lo que discutiremos de ahora en adelante en este libro. Cuando lea un capítulo que le llame la atención, ponga en práctica lo que ha aprendido. Cree un ambiente de conversación relajada en su hogar. Aborde el tema en una reunión familiar. Rompa el hielo con una pregunta divertida, luego léales un estudio o un párrafo interesante a sus hijos y recabe sus opiniones. Escúchelos. No pronuncie un discurso. Solo haga preguntas. Póngase en el lugar de sus hijos y trate de entender sus puntos de vista y sentimientos. Resista la tentación de criticar las respuestas que le den. Por el contrario, indague qué les parece mejor a ellos. «¿Cómo resolverían el problema en cuestión?» Retrase la corrección y la toma de decisiones. En realidad, aléjese. No se apresure por establecer límites o imponer una decisión de inmediato. Indíqueles que necesita tiempo para pensar y orar sobre la situación.

Finalmente, cuando termine de leer este libro, programe un momento para hablar sobre lo que ha leído y tomar algunas decisiones con respecto a las pantallas. Hágales un aviso previo a los niños. Tal vez podría decirles: «Este jueves iremos a nuestra pizzería favorita. Mientras disfrutamos de la pizza, hablaremos acerca de las pantallas y tomaremos algunas decisiones sobre cómo nuestra familia puede llegar a ser sensata con respecto a ellas.» (Y sí, al final del libro hablaré un poco de cómo podría ser esa «reunión» en la pizzería).

No se sorprenda si a sus hijos no les emociona una reunión familiar en la que saben que establecerá límites a sus pantallas.

Una de las mejores formas de prepararse para esa reunión familiar en la pizzería es comenzar a conectarse con sus hijos, uno a uno, cada semana, y hablar sobre diferentes temas. Por eso escribí *The Teen's Guide to Face-to-Face Connections in a Screen-to-Screen World* [Guía para que los adolescentes establezcan conexiones cara a cara en un mundo en el que la conexión es pantalla a pantalla) con preguntas para debatir al final de cada capítulo. Puede leer ese libro con sus hijos y debatir los temas juntos.

No espere que ellos entiendan por qué no deben tener sus teléfonos en sus habitaciones si nunca han echado un vistazo a la investigación acerca de la relación entre las pantallas en la habitación, la pérdida del sueño y la depresión. Pero si se conecta con sus hijos semanalmente y pasa tiempo leyendo y debatiendo estos temas con ellos, puede invitarlos a compartir sus opiniones documentadas.

Primero conexión, después corrección.

Primero amor, después límites.

Primero vínculo emocional, después filtros o bloqueos.

¿Cuáles son, entonces, algunos de los límites útiles que nuestros hijos podrían necesitar?

En el próximo capítulo responderé la mayor parte de las preguntas más comunes que me han hecho los padres en mis talleres.

Preguntas para el debate

1. ¿Qué es lo que usted más hace como padre: corregir o conectarse? ¿Qué opinan sus hijos?
2. Jonathan dice: «La corrección sin conexión es ineficaz». Explíquelo.
3. Jonathan compartió un consejo importante de Deuteronomio 6:6-7, que incluye ejemplos específicos de cómo podemos involucrar a nuestros hijos en conversaciones significativas todos los días. ¿Qué consejo similar proporciona Salmos 78:1-7?
4. ¿Qué sucedería en su hogar si usted se resistiera a dar discursos y, en cambio, averiguara la opinión de sus hijos con respecto a las pantallas, las redes sociales y el entretenimiento?
5. ¿Cuál es el beneficio de retrasar la corrección y la toma de decisiones, y darse el tiempo para investigar el problema y orar?
6. ¿En qué entornos puede poner en práctica los cinco pasos para que haya primero conexión y luego corrección, comenzando con una reunión familiar esta semana?

CAPÍTULO 3

¿A qué edad?

El momento perfecto para que les dé a sus hijos un dispositivo (y qué hacer si ya lo hizo)

ESCUCHO ESTO EN TODOS LOS LUGARES A LOS QUE VOY A HABLAR.

«¿A qué edad debería darle un teléfono celular a mi hijo?»

«¿A qué edad debería permitir que mis hijos tengan una cuenta en las redes sociales?»

«¿Qué sucede si yo quería esperar para darles a mis hijos una pantalla, pero la escuela ya les proporcionó una?»

Suspiro.

Las pantallas ciertamente no han facilitado la crianza de los hijos.

Entonces, ¿cuál es la edad perfecta para que les dé una pantalla?

Presión parental por parte del grupo de pares

Si aún no les ha dado a sus hijos una pantalla seguramente se habrá sentido presionado. Porque, aunque ellos no tienen aún un celular o una *tablet*, es probable que sus amigos ya los tengan. Mientras escribo esto, el 89 % de los adolescentes (de trece a diecisiete años) tienen *smartphones*.[9] Es extraño, porque si sus hijos adolescentes aún no tienen un teléfono celular estoy casi seguro de que le deben decir: «¡Tooodos mis amigos tienen *smartphones*!» (Probablemente deberá resistir la tentación de responderles: «En realidad, solo el 89 % de tus amigos lo tienen»).

El gran número de niños que obtiene un teléfono celular antes de ser adolescente es cada vez menos sorprendente. Recientemente, estuve con estudiantes de sexto, séptimo y octavo grado en una escuela primaria cerca de mi casa, y parecía que «tooodos» tenían smartphones. (Sé que sueno exactamente como tu hijo).

De hecho, estaba hablando con trece de estos estudiantes en el aula después de clase. Tenían once, doce y trece años. Escribí mi número de teléfono en la pizarra y dije: «Saquen todos sus teléfonos».

Y los conté… ¡*los trece* sacaron su *smartphone*!

¡Todos y cada uno de ellos!

Esto parece raro cuando consideras lo que compartí en el primer capítulo acerca de la cantidad de niños que tienen *smartphones*:

- El 53 % de los niños de once años.
- El 69 % de los niños de doce años.
- El 72 % de los niños de trece años.

Nop. En este grupo, no.

El cien por ciento de ellos tenía *smartphones*. Así que piense cómo se siente su hijo de doce años en la escuela todos los días. Es probable que sienta que «tooodos» los demás niños tienen *smartphones* y él no.

Decidí hacer un juego con estos estudiantes de primaria y ver lo que podía aprender.

«Vamos a jugar al texto rápido», les dije. «El primero en enviarme lo que pido ganará un punto. El primero en llegar a diez puntos recibirá una tarjeta de regalo de Starbucks.» (Sí, soborno a los estudiantes de la escuela secundaria con cafeína. Los padres me adoran.)

Los niños ya estaban guardando mi número en sus teléfonos y esperando mi primera pregunta.

«Envíenme su nombre y apellido, y una *selfie*», les dije.

Todos levantaron sus teléfonos, se sacaron rápidamente una *selfie* y comenzaron a escribir frenéticamente.

Mi teléfono se llenó de notificaciones. *Ding. Ding. Ding...* En dos segundos tenía trece mensajes de whatsapp con fotos graciosas de cada uno de sus rostros.

Continué: «Envíenme una foto de sus zapatos».

Ding. Ding. Ding. Ding. Ding...

Nikes. Vans a cuadros. Más Vans a cuadros.

«Envíenme una captura de pantalla de la aplicación en la que pasan más tiempo».

Ding. Ding. Ding. Ding. Ding...

Nuevamente mi teléfono se llenó de imágenes de *Snapchat*, *Instagram*, *TikTok* y algunos de sus juegos móviles favoritos...

«Envíenme una captura de pantalla de la canción más reciente que han escuchado».

Ding. Ding. Ding. Ding. Ding...

Esa pregunta fue bastante reveladora. En realidad los niños no piensan mucho cuando juegan a este tipo de juegos. Así que recibí capturas de pantalla en bruto de las canciones que acababan de escuchar a través de sus auriculares momentos antes. Principalmente canciones que mamá o papá no conocían. (Se puede aprender mucho sobre los niños a través de sus teléfonos).

Un chico llamado Jordan fue el primero en llegar a los diez puntos. Choqué puños con él y le di la tarjeta de Starbucks, y luego comencé a hacer preguntas a la clase.

«¿Cuándo obtuvieron sus teléfonos?»

Los niños no dudaron en responder:

«El año pasado».

«Yo lo tengo desde hace un par de años».

«Mi hermano mayor obtuvo uno nuevo, así que me quedé con el suyo antiguo».

«Me he dado cuenta de que muchos tienen *Snapchat* e *Instagram*. Entonces les pregunto: ¿Cuándo accedieron por primera vez a las redes sociales?»

Los niños gritaron sus respuestas, casi presumiendo:

«Fue lo primero que descargué».

«Desde quinto grado».

Luego hice una pregunta que los sorprendió un poco:

«¿Cuántos de ustedes sabían que iban a tener que mentir acerca de su edad para poder acceder a las redes sociales?» (La mayoría de estos niños acababa de admitir que habían descargado aplicaciones de redes sociales antes de los trece años. Debes tener trece para registrarte en cualquiera de estas aplicaciones.)

Todos sonrieron y se miraron unos a otros por un momento, como si se preguntaran: «*¿Debería decírselo?*» Pero lo hicieron.

«Mi hermana me dijo que tenía que hacerlo».

«No lo sabía hasta que lo intenté. Pero fue sencillo. Simplemente escribes un año diferente.»

«Usé la misma fecha de mi nacimiento, pero puse un año diferente. Así las personas saben cuándo es mi cumpleaños.»

Entonces hice una última pregunta:

«¿Cuántos de sus padres saben que mintieron acerca de su edad?»

Luego de interactuar tan solo quince minutos con este grupo particular de jóvenes, todo quedó inmediatamente claro: Todos estos niños tenían *smartphones*, pasaban innumerables horas consumiendo entretenimiento por internet y usaban las redes sociales. Sus padres sabían muy poco sobre lo que ellos hacían con sus teléfonos cada día.

Tal vez por ello los padres están tan dispuestos a darles una pantalla a sus hijos. No tienen ni idea de lo que les están dando en realidad. Por lo general, esta es la razón por la que dedico la primera mitad de un taller para padres a proporcionarles una visión muy realista de lo que hay en las pantallas de sus hijos. Les muestro algunos ejemplos de las canciones, juegos y videos más populares. Luego les muestro comentarios reales que se han publicado y comportamientos depredadores que se producen en las redes sociales cuando los niños dejan sus configuraciones de privacidad en público. Como mencioné con anterioridad, una abrumadora mayoría de adolescentes utiliza la configuración pública porque desean tener más seguidores.

Después de mostrarles todo eso a los padres, les pregunto: «¿Tienen sus hijos sus configuraciones de privacidad públicas para que *cualquiera* pueda ver su perfil?»

Puedo ver las expresiones en sus rostros. Las mamás y los papás no tienen ni idea, y seguro ahora estarán pensando: «*¿Por qué le di un celular a mi hijo de quinto grado?*»

Pero algunos padres ni siquiera tomaron esa decisión por ellos mismos. Con frecuencia hablo con progenitores divorciados, y algunos me dicen que el otro cónyuge les dio un teléfono a sus hijos sin concertarlo primero. Ningún padre divorciado quiere ser el malo de la película y prohibírselos: «¡En esta casa, no!» Saben que sus hijos se limitarán a responder: «¡Pues entonces quiero vivir con papá (y viceversa)!»

A veces las escuelas les prestan dispositivos, y no solo durante las pandemias globales. Algunas les proporcionan *iPads* o *tablets* a estudiantes de cuarto y quinto grado.

Los padres siempre me preguntan: «¿Puede mi hijo meterse en líos con estos dispositivos?»

Depende. He hablado con varias personas que trabajan en tecnología para los distritos escolares de todo el país. La mayoría de ellos están bastante seguros de que los niños *no pueden* meterse en demasiados problemas mientras están conectados a las redes escolares. Pero cuando los niños se llevan los dispositivos a su casa —y la mayoría lo hace—, a menudo pueden navegar por donde quieran, dependiendo de la conexión que haya en el hogar. (Doy más información en el capítulo acerca de los controles parentales).

He aquí las preguntas clave de las que hablaremos en este capítulo:

- ¿Cuál es la edad adecuada para darles a los niños teléfonos celulares propios?
- ¿Qué ocurre con las demás pantallas?
- ¿Qué pasa si sus hijos ya tienen pantallas y usted tiene dudas?

Veamos si podemos responderlas.

¿Cuál es la edad adecuada para darles a los niños teléfonos propios?

Creo que siempre es útil ver lo que dicen los expertos sobre este asunto. Ellos son los que realmente conocen los entresijos de la tecnología.

En una entrevista reciente con *The Mirror*, el fundador de Microsoft, Bill Gates, reveló que no permitió que ninguno de sus tres hijos tuviera un *smartphone* hasta los catorce años, cuando entran a la escuela secundaria.[10] Tampoco permite pantallas en la mesa durante la cena y limita el tiempo frente a la pantalla para su hijo más joven antes de dormir.

Igual que Gates, el CEO de *Common Sense Media*, Jim Steyer, no permitió que sus hijos tuvieran *smartphones* hasta que estuvieran en la escuela secundaria. «Recién después de que [hubieran] aprendido a tener autocontrol y el valor de la comunicación cara a cara».[11]

Sé lo que está pensando. *¿Es realista esperar hasta que estén en la escuela secundaria cuando todos los amigos de mis hijos recibieron dispositivos electrónicos a una edad más temprana?* Lo entiendo, y estoy de acuerdo en que es frustrante. Pero si investiga sobre el tema, se encontrará con las palabras *escuela secundaria* una y otra vez. El nivel de edad es más o menos el mismo que para aprender a conducir.

Greg Lukianoff, coautor de *The Coddling of the American Mind: How Good Intentions and Bad Ideas Are Setting Up a Generation for Failure* [El consentimiento de la mente americana: Cómo las buenas intenciones y las malas ideas están creando una generación para el fracaso], no solo habla acerca de este tema en su libro sino también en innumerables artículos que publicó. En uno de ellos fue muy específico al hablar de la edad, sobre todo después de examinar una extensa investigación de los efectos que las redes sociales han provocado en los niños, y en especial en las niñas jóvenes:

> El argumento de que las niñas que se convierten en usuarias frecuentes de las redes sociales tienen peor salud mental cobra ahora mayor peso… Los padres deberían tratar de retrasar el día en que sus hijos (especialmente las niñas) obtengan cuentas

> en *Instagram* y otras plataformas en donde las personas los evalúan y comentan acerca de su aspecto físico y sus publicaciones. Deberían hablar con sus hijos acerca de los peligros de usar dichas plataformas, y considerar límites de tiempo de uso muy estrictos (como una o dos horas al día máximo). Los distritos escolares deberían ayudar a los padres sugiriendo con firmeza la norma de que *ningún niño debe tener una cuenta en redes sociales* hasta que esté en la escuela secundaria, para evitar el temor a la exclusión que conduce a muchos padres a permitir que sus hijos mientan con respecto a su edad y abran una cuenta en *Instagram* en sexto grado, o incluso en quinto. La escuela primaria ya es bastante dura para los niños, y las redes sociales *lo empeoran todo*[12] (cursivas añadidas).

Repito nuevamente: en la *escuela secundaria*. Espero que los distritos escolares sigan el consejo de Lukianoff y recomienden a los padres que establezcan la norma de retrasar la fecha en que los niños tengan dispositivos. Porque eso genera que aquellos que no los tienen se sienten excluidos. Los niños de la escuela primaria que carecen de teléfono celular sienten la presión de tenerlo por parte de sus amigos y de unirse a las redes sociales con todos los demás.

Pero la presión de los pares no cambia las opiniones de los expertos en salud mental. Hace algunos años, *The New York Times* publicó un artículo que preguntaba: «¿Cuál es la edad adecuada para que un niño tenga un *smartphone*?»

«La conclusión no complacerá a los fabricantes de celulares», consumó el autor. «Cuanto más esperes para darles un *smartphone* a tus hijos, mejor».[13]

Jesse Weinberger, autora y oradora en temas de seguridad informática, dice: «Cuanto más tiempo mantengas cerrada la caja de Pandora, mejor».[14]

Simon Sinek, autor y profesor en la Universidad de Columbia, habla de esto en su charla de *YouTube* acerca de la adicción a los *smartphones* y los estímulos de dopamina que proporcionan las redes sociales.

> Los padres deben intervenir. Tenemos que dejar de permitirles a nuestros hijos el acceso gratuito a las redes sociales y a los teléfonos a edades tempranas. No están preparados para ello. Sus mentes no pueden lidiar con la dopamina.[15]

La dopamina es una sustancia química liberada en los centros de recompensa del cerebro que ayuda a recordar lo que es sentirse bien cuando uno realiza ciertas actividades, como drogarse o jugar en las máquinas tragamonedas en Las Vegas. La próxima vez que se les presenta esa actividad en particular, la dopamina les da un impulso, desencadenando la anticipación de buenas sensaciones y alimentando el deseo de participar aún más de ella. Por esa razón, los comportamientos que desencadena la dopamina se convierten fácilmente en un hábito, razón por la cual la mayoría de los estudios muestran que las redes sociales llevan a querer tener más redes sociales. (Y como no soy neurocientífico lo dejaré allí).

Tristan Harris, un antiguo experto en ética del diseño en Google, afirma que los teléfonos están diseñados para ser adictivos.[16] Citando a Harris, el fundador de *Humanity Forward*, Andrew Yang, declara: «Todos tenemos máquinas tragamonedas en nuestros bolsillos. Si no dejamos que nuestros hijos entren a un casino, deberíamos ser igual de cautelosos al permitir que estos casinos estén en manos de nuestros hijos.»[17]

Ponga un dispositivo tan poderoso en sus manos solo cuando pueda invertir tiempo en enseñarles acerca de su uso responsable.

Los adolescentes no reconocen estos peligros. Por eso, el consejo que brindo es similar al de estos expertos en tecnología: No se apresure en darles un teléfono a sus hijos. Ponga un dispositivo tan poderoso en sus manos solo cuando pueda invertir tiempo en enseñarles acerca de su uso responsable. No les entregue un dispositivo con la excusa de que probablemente entienden cómo usarlo mejor que usted. Claro, pueden saber cómo funciona, pero la mayoría de los niños no han pensado en las implicaciones que tiene *a quiénes agregan como amigos, lo que publican y por dónde navegan.* Esas son decisiones muy difíciles de tomar para un niño.

Algunos padres me presionarán para que les diga un número.

«¿A qué edad?», me preguntan.

«Depende del niño», respondo siempre. «Se trata más de la madurez que de la edad».

Sin embargo, por alguna razón, la gente siempre insiste en que les sugiera un tipo de edad promedio general.

«¿Cuándo suelen ser lo suficientemente maduros?», me preguntan.

De modo que les contestaré: «Como mínimo, a los trece años».

¿Por qué? Porque una de las primeras cosas que los niños descargan en sus teléfonos son las redes sociales, y no se puede tener una cuenta en ellas hasta los trece años sin mentir acerca de la edad.

Esto hace que el debate sobre las redes sociales quede bastante claro.

Si quieren saber por qué, respóndales que es lo que dice la ley. Se llama COPPA, o la Ley de Protección de la Privacidad en Línea de los Niños de la Comisión Federal de Comercio. E incluso si sus hijos nunca han oído hablar de la ley, saben de ella. Porque cuando alguien intenta registrarse en *Snapchat*, *Instagram*, *TikTok*, *X* (*Twitter*) o cualquier otra plataforma de redes sociales que desee, primero debe ingresar su fecha de nacimiento. Si un niño tiene menos de trece años la aplicación responderá: «Lo siento, no tienes la edad suficiente para usar esta aplicación».

Eso se debe a que COPPA no permite que los sitios web o aplicaciones de redes sociales recopilen información personal de nadie que tenga menos de trece años sin el consentimiento de sus padres.[18]

¿Funciona? ¿Impide que los niños menores de trece años entren en las redes sociales?

En absoluto.

Eso se debe a que nadie lo supervisa. Especialmente los padres. Cada vez que estoy en un campus de una escuela primaria, veo a incontables niños de once y doce años en *Snapchat* e *Instagram*, simplemente porque mintieron acerca de su edad al registrarse.

Por lo tanto, allí se genera la presión. Cuando usted le señala a su hijo: «Lo siento, no puedes descargar *Snapchat* porque no tienes trece años. Lo dice la ley.», él argumentará: «¡Pero Chris tiene *Snapchat* y tiene once años!»

Su hijo no le está mintiendo.

Esa es una de las razones por las cuales es mejor no darles un teléfono hasta los trece años o después. La tentación de mentir acerca de su edad para ingresar a las redes sociales es simplemente demasiado grande.

Cada fin de semana, en mis talleres hablo con padres que les dieron a sus hijos un teléfono a los once o doce años. Y todos descubrieron rápidamente que ellos querían tener *Snapchat* o *Instagram* para poder comunicarse con sus amigos.

«¿Para qué tener un teléfono si no puedes tener *Instagram*?», se quejan los niños.

Aunque mamá o papá lo prohíban, muchos niños desobedecerán y descargarán redes sociales sin que sus padres lo sepan. Por eso, retrase la posesión del dispositivo.

La respuesta no es no; y seguirá siendo no.

¿Y qué sucede con las demás pantallas?

«¡Oh, yo nunca les daría un teléfono a mis hijos», me dijo una mamá.

Esperé un momento.

Sabía lo que venía detrás.

«Les di un *iPad*».

Siempre que un padre me dice eso trato de ser comprensivo, y me limito a hacerlo razonar.

Piense en esto por un segundo. ¿Cuál es la diferencia entre un teléfono y una *tablet*?

Además de la portabilidad y del tamaño, hay básicamente una sola diferencia: la *conexión*.

En otras palabras, los *smartphones* tienen automáticamente conexión las 24 horas (datos de la compañía telefónica), pero la mayoría de las *tablets* solo tienen conectividad mediante Wi-Fi. Sin embargo, con una *tablet*, sus hijos pueden descargar las mismas redes sociales, jugar a los mismos juegos móviles, ver los mismos videos de *YouTube* (en una pantalla más grande), ver las mismas películas (con más detalle) y escuchar la misma música.

Si sus hijos tienen una *tablet* sin conexión de datos, lo único que *no pueden* hacer es metérsela en el bolsillo, salir al medio del campo y conectarse. Pero:

- Pueden conectarse a todo en casa a través del Wi-Fi.
- Pueden conectarse en la escuela y en casi cualquier lugar público.
- Incluso pueden conectarse en medio de la nada utilizando los puntos de acceso de sus amigos.

En resumen: Si sus hijos quieren un *iPad* o una *tablet* de cualquier tipo, utilice el mismo criterio que usaría si quisieran un celular.

Considere estas preguntas:

- ¿Son mis hijos lo suficientemente maduros como para tomar decisiones sobre el contenido que ven?
- ¿Quiero que mis hijos sientan la presión de estar en las redes sociales?
- ¿Estoy listo para las peleas que tendremos por el tiempo que están frente a la pantalla y por querer tener sus *tablets* en la habitación por la noche?
- ¿Quiero supervisar las aplicaciones que mis hijos descargan, las conexiones que establecen y el contenido que publican?
- ¿Estoy listo para empezar a enseñarles la responsabilidad que conlleva ser propietario de una *tablet*… o simplemente «les estoy dando las llaves»?

No se trata de que las pantallas sean malas o malignas. Poseer una pantalla es como ser dueño de un automóvil. Requiere asumir mucha responsabilidad.

Sin embargo las pantallas también cambiarán la dinámica en su hogar.

La primavera pasada di un taller de educación en el sur de Estados Unidos, en el territorio de Loretta Lynn. (Y, por cierto, comí una increíble carne asada en el camino). Una madre se acercó a mí después del taller y me contó una historia sobre su hijo.

«Cedí y le compré un *iPad*», comenzó.

«¿Cuándo?», le pregunté.

«El año pasado cuando cumplió ocho. Y poco a poco empezó a cambiar.»

«¿Cómo?», le pregunté.

«Simplemente comenzó a absorberlo», me explicó. «Cada vez que intentábamos hablar con él o llamarlo para cenar nos respondía con mala actitud. Era una lucha hacer que se apartara de la pantalla.»

«Entonces, ¿qué hizo usted?»

«Un día estaba siendo tan irrespetuoso que simplemente se lo quité».

«¿Cuál fue el resultado?»

«Montó un escándalo. El primer día gritó y lloró. El segundo día discutió y peleó. El tercer día se limitó a deambular por ahí como si estuviera en el corredor de la muerte.»

Me reí.

«Pero luego sucedió algo interesante», continuó. «Poco a poco volvió a salir de su habitación como solía hacer, y empezó a pasar tiempo con nosotros nuevamente.»

«Eso es genial», le dije.

«Transcurrieron alrededor de tres semanas», continuó. «Y le había dicho que le quitaría su *iPad* durante un mes. Pero se suponía que nos íbamos a ir de viaje solo él, mi mamá, su abuela, y yo. Hacemos este viaje todos los años.»

«Suena bonito».

«Así que le comenté a mi mamá que le había quitado el *iPad*, y ella dijo: "¿Para el viaje? ¿No se lo vas a devolver? ¿Qué va a hacer durante todo ese tiempo en el coche?"»

«Entonces, ¿qué hizo?», le pregunté.

«*No* se lo devolví. Tuvo que viajar con nosotros sin él y...» En ese punto hizo una pausa y sus ojos se llenaron de lágrimas. Le di un momento.

«Lo siento», dijo. «Pero mientras avanzábamos por la carretera, señaló: "¡Mamá, mira ese viejo granero! ¡Mira esos terneros! ¡Mira esos árboles!" Era como si nunca hubiera visto un simple árbol antes.»

Ella se secó las lágrimas con la manga. «Nunca le devolveré esa cosa», dijo.

Algunos niños simplemente no están listos para la responsabilidad que conlleva tener una pantalla.

¿Y si sus hijos ya tienen pantallas y usted tiene dudas?

Los padres siempre me preguntan: «¿Y si ya le di a mi hijo un teléfono y ahora tengo dudas? ¿Qué hago? ¿Debería quitárselo?»

En estos casos, debe ser muy cuidadoso y no quitárselo de golpe. Eso sería como decirle: «¡Vamos a Disneylandia!», pero después de comprar las entradas y caminar cien metros por el parque miraras a tu alrededor con escepticismo a la multitud y anunciaras: «Lo siento, ¡nos vamos a casa!»

¡Esa decisión tendrá un impacto psicológico negativo!

«¿Recuerdas cuando papá nos llevó a Disneylandia dos minutos?», dirán.

A los niños les encantan sus pantallas. Muchísimo. Según varias encuestas, es su posesión más preciada. Así que piense cuidadosamente acerca de esa decisión. Asegúrese de que usted y su cónyuge están de acuerdo (incluso la madrastra, el padrastro, el ex esposo, todos), o sus hijos empezarán a jugar a los adultos unos contra otros.

Antes de quitarles las pantallas, considere algunas opciones (y la edad es un factor importante). Si ya le dio alguna pantalla a su hijo de ocho o diez años puede explicarle, por supuesto, algunos de los peligros que eso conlleva y quitárselo. Pero, si lo hace, prepárese para la batalla. Es algo que usted le ha dado y ahora se lo quita. Y eso es difícil de aceptar para un niño.

Un enfoque más inteligente podría ser sentarse y hablar con sus hijos acerca de los peligros, y establecer límites muy estrictos con las pantallas, haciéndoles saber: «Si violas alguna de estas reglas, aunque sea una vez, dile adiós a tu pantalla hasta los trece años». Entonces, si sus hijos quebrantan las normas de la pantalla será mucho más fácil quitarles sus dispositivos (no sin lloriqueos y quejas), porque al menos entienden que es el castigo por incumplir las reglas.

Mientras lo hace, acceda a los controles parentales en los dispositivos de sus hijos y bloquee muchos, por no decir la mayoría, de los peligros. No, no estoy hablando de softwares de filtrado. Estoy hablando de desactivar por completo sus teléfonos, establecer contraseñas seguras, bloquear la posibilidad de descargar aplicaciones o redes sociales sin una contraseña, y pensar en formas de limitar el tiempo frente a la pantalla al mínimo. (Hablaremos más acerca de los límites de tiempo frente a la pantalla en un próximo capítulo). Minimizar ese tiempo es mejor que quitarle el teléfono a su hijo y anunciarle: «Lo siento, cometí un error. Nunca debí haberte dado este teléfono.»

Por ejemplo, si le dio un teléfono a su hijo de catorce años y teme todos los peligros, en el 95 % de los casos, yo no se lo quitaría. De hecho, consideraría darle un teléfono a mi hijo de catorce años si me lo pidiera (pero no se lo mencionaría). De esa manera, los adolescentes pueden empezar a aprender a ser responsables antes de salir de casa.

Si sus hijos rompen una regla con sus dispositivos o demuestran ser irresponsables, por supuesto que podría castigarlos sin su teléfono durante un tiempo o hasta que demuestren que son responsables. Pero arrebatarle el celular solo porque usted tiene miedo podría tener consecuencias muy negativas. He visto a cientos de padres reaccionar exageradamente y volverse demasiado restrictivos con sus hijos adolescentes. Por lo general, he visto varios resultados negativos:

- Los adolescentes se distancian de sus padres. «Es que papá no lo entiende». Y buscan otros modelos a seguir de quienes aprender valores y la toma de decisiones. La relación con sus padres se ve gravemente afectada.

- Los adolescentes mienten y encuentran una forma de acceder a las pantallas cuando mamá y papá no están cerca. Regla general: Cuanto más aprietan los padres más se les escapan de las manos los hijos.
- Los padres entran en pánico y desequilibran la balanza hacia los límites, y el vínculo se ve afectado. Tristemente, los límites no enseñan discernimiento.

Se dará cuenta de que repito esto una y otra vez: Recuerde mantener su mirada en el calendario. Algún día sus hijos cumplirán dieciocho años y se irán de casa, y serán libres para descargar lo que quieran. ¿Los está preparando para ese día? ¿O está tomando todas las decisiones por ellos?

Entonces, ¿cómo puede abordar estas conversaciones?

Si ya les dio pantallas a sus hijos, piense detenidamente antes de revocar los privilegios de estas. Hay formas mucho mejores de protegerlos. Si sus hijos tienen diez años o menos y ya les proporcionó pantallas, quizás puede limitarse a los controles parentales, los límites del tiempo frente a la pantalla y las pautas para restringir severamente el acceso. (Este libro le mostrará cómo pueden ser esas pautas). Si sus hijos tienen entre once y trece años, y ya les dio alguna pantalla, sea proactivo: primero conexión, después corrección. Apreciarán que les hable en lugar de solo imponerles reglas.

¿Cómo hablar con los niños acerca de los privilegios que tienen las pantallas?

Practique los cinco pasos que leyó en el capítulo 2, cuando mencioné cómo crear un ambiente de conversación relajado sobre estos temas:

1. Cuando lea algo en este libro que despierte su interés, menciónelo en una reunión familiar. Rompa el hielo con una pregunta divertida. Por ejemplo: «Si hubiera un corte de energía y todos tus dispositivos se quedaran sin batería, ¿qué sería lo primero que harías para divertirte?»

2. Aborde el tema sobre el que le gustaría debatir leyendo un párrafo o un estudio destacado. Luego, pida la opinión de sus hijos. Escuche; no pronuncie un sermón. Solo hágales preguntas, como...
   - ¿Cuándo recibieron sus teléfonos la mayoría de tus amigos?
   - ¿Por qué crees que muchos expertos en tecnología aconsejan a los padres que esperen hasta que sus hijos ingresen a la escuela secundaria para darles un teléfono celular?
   - ¿Cuáles son algunas de las cosas que los niños de la escuela primaria se perderían si no tuvieran teléfonos o redes sociales hasta la escuela secundaria?
   - ¿Qué problemas podrían evitarse si los niños de la escuela primaria no tuvieran teléfonos o redes sociales hasta la escuela secundaria?
3. Practique la empatía, poniéndose en el lugar de sus hijos y tratando de entender sus puntos de vista y sentimientos. No critique sus respuestas; solo escúchelos.
4. Pregunte a sus hijos: «¿Qué les parece mejor?» «¿Cómo resolverían el problema en cuestión?» O, en este caso, podría preguntarles: «¿Cuándo crees que los padres deberían permitir que sus hijos tuvieran sus propios teléfonos?»
5. Retrase la corrección o la toma de decisiones. En realidad, aléjese. No se apresure en establecer límites o imponer una decisión de inmediato. Hágales saber a sus hijos que necesita tiempo para pensar y orar acerca de la situación.

Puede practicar estos pasos varias veces mientras lee este libro. Luego, cuando termine, agregue un último paso:

6. Separe un momento para hablar de lo que ha leído y tomar decisiones acerca de las pantallas. Avíseles a sus hijos con antelación. Puede comentarles: «Este jueves saldremos a cenar afuera para hablar acerca de cómo podemos ser más conscientes en el uso de las pantallas en casa».

Puede que algunos de ustedes estén pensando: «*Jonathan, cuando termine de cumplir todos estos pasos, y llegue finalmente al paso seis, ¿debería confiscarles las pantallas?*»

¿Qué tal si permite que sus hijos decidan?

La elección

No lo imponga solo como ley. Haga que se transforme en una elección. No una cualquiera, sino con resultados saludables en ambos casos.

Recuerdo haber hablado con un terapeuta acerca de uno de mis hijos que era muy terco y renuente a cualquier tipo de regla. Si mi esposa y yo establecíamos una norma era como ponerle una zanahoria delante y gritarle: «¡Rompe esta regla!»

Nunca olvidaré la recomendación de mi consejera. (Y sí, acabo de admitir que mi esposa, Lori, y yo visitamos a una consejera. ¡Fue una de las mejores decisiones que tomamos para nuestro matrimonio y la crianza de nuestros hijos! Ojalá lo hubiésemos hecho antes.)

Nos aconsejó: «Si tienes un hijo que enfrenta a las autoridades, conviértelo todo en una elección».

«¿Cómo sería?», le pedí que me mostrara. «¿Qué ocurre si mi hijo pasa demasiado tiempo jugando a videojuegos?»

«Proponle: "Puedes elegir entre dos opciones: Seguir jugando a ese juego que te compramos y cumplir con el límite de tiempo que nosotros establecimos y el requisito de aprobar las materias de la escuela, o puedes conseguirte un trabajo y comprar tus propios videojuegos y entonces solo estarás limitado por los requisitos que acordamos para todos"».

Una auténtica genialidad. Darles a los niños la posibilidad de elegir.

Eso hubiera sido un tiro ganador para nuestra familia. Incluso si nuestro hijo hubiera optado por conseguirse un trabajo y comprar sus propios video juegos (lo que realmente demostraría mucha determinación y perseverancia), seguiría teniendo que mantener sus calificaciones para conservar el privilegio. Eso sería actuar como un adulto. Buenísimo.

Cualquiera que fuera la situación que le contáramos a nuestra consejera, ella era capaz de proponernos una serie de opciones que pudiéramos proponerle a nuestro hijo.

Usted podría hacer lo mismo con sus hijos si ya les ha comprado un teléfono celular. Podría empezar diciéndoles: «Tengo que ser sincero; cuanto más investigo algunas de las distracciones que causan las pantallas y los peligros que hay en las redes sociales…»

En este punto, es probable que los ojos de sus hijos se abran, como sorprendidos. Incluso podrían gritar: «¡Noooooooo! ¡No me quites mi teléfono!» Lo ven venir.

Entonces no lo haga. No requise sus pantallas. Empodere a sus hijos dándoles una opción. Propóngales: «Así que esto es lo que he decidido. Puedes elegir: Te quito el teléfono y te lo vuelvo a dar cuando comiences la secundaria. Es como conducir, y no puedes hacerlo hasta los dieciséis años. O…»

Estarán esperando ese «o…» porque preferirían hacer cualquier cosa menos lo que les acaba de sugerir.

Así que prosiga: «O… iremos a desayunar una vez a la semana y hablaremos acerca de cómo ser responsable con tu teléfono. Si te reúnes conmigo cada semana y lees un libro acerca de cómo ser sensato con las pantallas puedes conservar tu teléfono.»

Le está dando a su hijos la opción entre corrección o conexión. *Noventa y nueve* de cada cien niños elegirán la conexión. (Pero si sus hijos eligen la corrección, es hora de volver a leer el capítulo 2 y comenzar a trabajar en cómo conectarse).

A veces los niños no lo entenderán.

Puede que su hijo le pregunte: «¿Por qué no puedo tener el teléfono simplemente? Mi amigo Taylor tiene un teléfono y sus padres no le hacen hacer nada a cambio.» (No utilice la gramática de su hijo en contra de usted).

Si él quiere saber por qué, profundice el tema con esta analogía:

> «Tu teléfono es como un coche. Algunas personas cuando aprenden a conducirlo obedecen los límites de velocidad, cambian

de carril de manera segura, evitan distracciones y conducen a la escuela, a la iglesia y a la casa de la abuela. Otros conducen de manera peligrosa, a gran velocidad, apartan la mirada de la carretera y se lastiman a ellos mismos o a otros. Finalmente perderán el privilegio de conducir. Entonces, si quieres conducir debes esperar hasta la edad adecuada. Tendrás que tomar un curso de educación vial, estudiar el manual de conducción, aprobar un examen escrito y hasta realizar un examen de conducción. Solo si demuestras que eres responsable se te permitirá conducir. Pero, incluso entonces, habrá límites al principio. No podrás conducir de noche, no podrás poner la radio a todo volumen, ni podrás llevar amigos en el coche. A medida que madures y adquieras más experiencia, poco a poco podrás conducir de noche y llevar a amigos contigo. Bueno, lo mismo ocurrirá con tu teléfono.»

Ayude a sus hijos a entender que cuanto mayor es el privilegio mayor es la responsabilidad. Y una vez que cumplan catorce años, siga conectándose con ellos y hablándoles de cosas importantes. (Escribí bastantes libros acerca del tema que son solo para adolescentes y jóvenes, con preguntas para debatir al final de cada capítulo para que usted pueda leer con ellos y entablar debates significativos). Enséñeles a tener discernimiento en todos los ámbitos de la vida.

¿No es ese el objetivo?

Aún no

Es interesante descubrir lo que hacen las personas de la industria tecnológica con sus propios hijos. Conocen los efectos de la tecnología en los adolescentes, en especial los de las redes sociales.

Hace un par de años, el *New York Times* publicó un reportaje que presentaba a un grupo de ejecutivos de la industria tecnológica que vive en Silicon Valley.[19] Es irónico, porque cuando entrevistaron a estos ejecutivos (y ex ejecutivos) de empresas como Facebook, Apple y Mozilla, dijeron que cuando salían de sus hogares por la mañana le daban una simple instrucción a las niñeras: «Nada de pantallas».

¡Y estos padres son expertos en pantallas!

Chris Anderson, de la revista *Wired,* comentó lo siguiente acerca del tiempo frente a las pantallas:

> «En una escala entre dulces y cocaína, está más cerca de la cocaína… Pensamos que podíamos controlarlo, pero esto supera nuestro poder de control. Es algo que va directo a los centros de placer del cerebro en desarrollo. Como padres normales, sobrepasa nuestra capacidad de entenderlo.»[20]

Anderson no proporcionó teléfonos a sus hijos hasta el verano anterior a comenzar la secundaria. No les permitió entrar a las redes sociales hasta los trece años de edad ni que tuvieran sus teléfonos celulares en sus habitaciones.

Son pautas extremadamente útiles por parte de quien entiende de verdad la tecnología.

En el próximo capítulo examinaremos un poco más de cerca por qué esa última regla que él mencionó (la de no tener teléfonos en el dormitorio) es tan importante.

Preguntas para el debate

1. ¿Por qué cree que tantos expertos en tecnología, incluido Jonathan, esperaron hasta que sus hijos cumplieran trece o catorce años antes de darles un celular, cuando la mayoría de los padres suele proporcionárselos a una edad promedio de diez años?
2. ¿Qué están comunicando los padres a sus hijos menores de trece años cuando les permiten mentir sobre su edad para unirse a las redes sociales?
3. ¿Qué sucedería si cada padre de su comunidad escuchara el consejo de Jonathan: «Deles a sus hijos un dispositivo tan poderoso únicamente

cuando pueda invertir tiempo en enseñarles cómo usarlo de manera responsable»?

4. Si les dio pantallas a sus hijos cuando eran más pequeños (antes de la secundaria), ¿le sorprendió el consejo de Jonathan de «pensar detenidamente la decisión» antes de quitarles sus teléfonos? ¿Le gustaron algunas de las alternativas que él sugirió? ¿Cuál le gustó más?
5. ¿Cuál es el beneficio de empoderar a sus hijos, dándoles la opción de que puedan elegir entre que les quiten los teléfonos o que se reúnan semanalmente para leer un libro y hablar sobre cómo ser sabios con las pantallas?
6. ¿Cómo cree que responderían sus hijos si comparara el uso de un teléfono con la conducción de un auto?
7. ¿Cómo puede comenzar a involucrar a sus hijos en este tipo de conversaciones esta semana?

CAPÍTULO 4

«Mamá, ¿puedo llevarme el teléfono a mi habitación?»

El vínculo entre las pantallas, la pérdida del sueño, la depresión... y lo que usted puede hacer al respecto

«HORA DE ACOSTARSE.»

«De acuerdo». Sarah obedeció sin ninguna discusión.

Así que su madre pensó: *Ha sido fácil.* No cuestionó el comportamiento inusual de su hija hasta una semana después, cuando volvió a quedarse dormida a pesar de que había sonado el despertador.

Sarah McKinsey acababa de cumplir doce años, y sus padres finalmente cedieron y le compraron el *smartphone* que tanto les había suplicado.

Todas las noches lo enchufaba y lo colocaba en su mesita de luz antes de acostarse.

«Lo uso como despertador», razonaba. Pero que se despertara resultaba bastante difícil. «¡Vamos, Sarah! ¡Despierta, despierta!», le decía la Sra. McKinsey, mientras abría las persianas y dejaba entrar la luz del sol.

«Pero, mamá», se quejaba Sarah. «¡Solo diez minutos más!»

«¡Me dijiste eso hace diez minutos! ¡No puedes seguir presionando el botón de repetición!»

Las peleas se volvieron más frecuentes, y Sarah se volvió volátil. Luego de la escuela, solo dos días después, su madre le recordó que irían a cenar a la casa de su tía aquella noche. Y Sarah explotó.

«¿Qué?» gritó, lanzando su mochila al otro lado de la habitación. «¡Odio ir a casa de la tía Lisa! ¿Por qué tengo que ir?»

«¿Qué te pasa últimamente, Sarah?», le preguntó su mamá.

Las peleas continuaron.

Tres noches después, luego de que el padre de Sarah terminara de trabajar a altas horas de la noche en su estudio, apagó las luces para irse a dormir. Al caminar por el pasillo, vio un ligero resplandor debajo de la puerta de Sarah.

Miró su reloj: 00:42 de la madrugada. Así que caminó con sigilo hacia la puerta de la habitación de su hija.

El suelo crujió en su lugar habitual. Abrió la puerta con suavidad y miró hacia adentro.

Nada.

Su habitación estaba completamente oscura, y Sarah estaba quieta en su cama. Se acercó a ella y la besó suavemente en la mejilla.

Bzzzzzzzzzzzz.

El Sr. McKinsey se quedó helado.

No podía distinguir de dónde venía el sonido.

Bzzzzzzzzzzzz.

Luego vio el teléfono en la mesita de noche de Sarah. Lo tomó y vio dos mensajes en la pantalla. Ambos eran de un chico llamado Dillon en la plataforma de la red social favorita de Sarah.

Dillon: IDK. ¿Hablaste con ella?

Dillon: ¿Estás ahí?

Su papá deslizó el dedo hacia arriba para seguir leyendo, cuando Sarah abrió los ojos, alerta como siempre.

«Papá, no leas eso».

«Ah. ¿Entonces fingías que dormías?»

«Dame eso», exigió ella, ignorando por completo su pregunta.

«No», dijo el Sr. McKinsey. «¡No puedo creer que estés enviando mensajes a tus amigos a estas horas de la noche!»

Sarah se burló. «Papá, no es para tanto».

Esa fue la noche en la que comenzó la Tercera Guerra Mundial. Pueden preguntarle a cualquier miembro de la familia McKinsey y se los dirá.

Esta batalla no es inusual. Los adolescentes quieren tener sus teléfonos en sus habitaciones y no les importa lo que los demás digan al respecto.

Los McKinsey nunca la vieron venir. Nunca imaginaron que Sarah se quedaría despierta hasta altas horas de la noche, enviando mensajes a sus amigos en las redes sociales.

Y, para ser justos, nadie les había advertido que los teléfonos celulares son la principal causa por la que los niños pierden el sueño cada noche. (Y lo son.) Así que, cuando se dieron cuenta Sarah ya estaba involucrada hasta el cuello.

La mayoría de los padres no se da cuenta cuántas horas de sueño les roba a sus hijos tener un teléfono en la habitación. Quizás porque nosotros no experimentamos la misma tentación cuando éramos niños. Tal vez intentamos quedarnos despiertos hasta tarde leyendo o escuchando música con nuestros auriculares puestos. Pero, desde luego, no teníamos redes sociales, como *YouTube*, *Google*, *Netflix*, juegos o *Pornhub*, todo a tan solo un clic en un único dispositivo.

Pero no nos apresuremos a descalificar al *smartphone*. No es la única pantalla que mantiene a los niños despiertos por la noche.

El hijo de mi amigo, Bodie, tenía trece años cuando recibió su primera computadora portátil, una gran herramienta para el colegio (bueno, eso es lo que decían sus padres). Quizá por eso no pensaron que sería un gran problema permitirle que la tuviera en su habitación por la noche.

El padre de Bodie no encontró nada extraño durante meses, hasta que se le ocurrió mirar la actividad de transmisión inalámbrica en su hogar, la cual detallaba los horarios en los que se producía la mayor cantidad de uso. Lo primero que notó fue que Bodie había agotado el límite de gigas de internet de alta velocidad dos semanas después de haber comenzado el mes. La empresa de internet contratada por la familia ofrecía un servicio de niveles, que se reducía después de alcanzar cierto límite. Bodie alcanzó ese límite antes que ningún otro. Y no solo eso, sino que principalmente la utilizaba desde las 10:00 de la noche hasta casi las 2:00 de la madrugada la mayoría de las veces.

Mi amigo había configurado controles en su *router* doméstico para desactivar el acceso de los niños después de las 9:00 de la noche. Pero lo que no había previsto era que Bodie podía usar el punto de acceso de su teléfono para conectarse a Internet. Si el padre de Bodie hubiera entrado alguna vez a la habitación de su hijo de madrugada, cosa que nunca hizo, lo habría encontrado usando un auricular y jugando con un grupo de amigos.

Cuando mi amigo le preguntó a su hijo por qué lo hacía, Bodie le respondió: «Porque siempre tengo problemas para conciliar el sueño». Y luego agregó: «¿Cuál es el problema?»

Eso es lo que la mayoría de los adolescentes dicen hoy en día: «No es para tanto».

Pero, ¿realmente lo es? Y si es así, ¿cómo podemos hablar de eso con nuestros hijos?

El denominador común

Si pudiera elegir una única regla para los niños de hoy sería, sin duda, que no tuvieran pantallas en el dormitorio. Esa sencilla medida de seguridad resolvería innumerables problemas.

No, no se trata de una simplificación excesiva. Solo que después de treinta años de trabajar con jóvenes, criar a tres hijos, trabajar en investigación social y escuchar a los padres contarme innumerables problemas y frustraciones que atraviesan con sus hijos, he aprendido que las pantallas en el dormitorio son el denominador común de los problemas.

Ya sea interactuar con desconocidos en las redes sociales, jugar a videojuegos hasta altas horas de la noche o ver videos pornográficos, cada vez que los niños me confiesan que participan en una de estas actividades se produce sin duda de madrugada, en una pantalla dentro de sus dormitorios.

De hecho, cada vez que respondo preguntas que los padres me hacen en mis talleres o en la radio, siento que no ceso de repetir lo mismo. Ellos me contarán de alguna pelea inesperada con uno de sus hijos. Luego dirán: «... y lo siguiente que descubrí fue que Jordan hacía esto de forma regular».

Obligatoriamente, les preguntaré: «¿Tiene Jordan su teléfono en su habitación por las noches?»

«Sí», me contestarán.

Entonces yo les responderé: «Quítenselo a la hora de acostarse y cárguenlo ustedes en su habitación por la noche. Siguiente pregunta.»

(Bueno, en realidad no respondo tan bruscamente. Pero a veces siento la tentación de hacerlo).

En mi trabajo en redes lo he visto una y otra vez. Mientras trabajaba en un libro anterior a este, que requería centenares de horas de investigación acerca del ciber acoso, seguía topándome con la misma frase: «Mi hijo estaba siendo atormentado toda la noche en las redes sociales por mensajes, publicaciones y comentarios crueles».

Toda la noche.

Muchas veces, estos niños caían en una espiral descendente de depresión, no por el acoso sino simplemente porque perdían el sueño.

> ***Cada hora de sueño perdido aumenta casi un 40 % las posibilidades de que su hijo se sienta desesperanzado.***

La falta de sueño es uno de los principales factores asociados a la depresión, y viceversa (de ahí la espiral descendente tan común). De hecho, en un estudio de casi veintiocho mil estudiantes de secundaria, los investigadores descubrieron que las probabilidades de que los adolescentes se sintieran tristes o desesperanzados aumentaban un 38 % por cada hora de sueño perdida, y el riesgo de intento de suicidio aumentaba un 58 %.[21]

Léalo de nuevo. Cada hora de sueño perdido aumenta un 40 % las posibilidades de que su hijo se sienta desesperanzado.

¿Y cuál es el principal culpable de mantener a los niños despiertos por la noche?

Las pantallas.

Dos de las pocas cosas en las que todos los expertos concuerdan en la actualidad es en que se debe *evitar el tiempo de pantalla de los niños justo antes de irse a dormir y que se las debe mantenerlas fuera del dormitorio.*

Lamentablemente, la mayoría de los padres no prestan atención.

Teléfonos en la habitación

Mucho antes de que los adolescentes tuvieran *smartphones*, la Academia Estadounidense de Pediatras recomendaba que los padres sacaran los televisores y la computadora de la habitación de sus hijos.[22]

Ahora sus hijos tienen televisor, redes sociales, música y mensajes de texto todo en *un solo dispositivo*, y el consejo de su pediatra no ha cambiado.

Cuando ya la mayoría de los niños estadounidenses tenía un *smartphone* en sus bolsillos, los pediatras comenzaron a recomendar enérgicamente que «los niños no deben dormir con dispositivos en sus dormitorios, incluidos televisores, computadoras y teléfonos celulares. [Además también debían] evitar la exposición a dispositivos o pantallas una hora antes de acostarse.»[23]

Si se pregunta cuántas madres y padres escucharon realmente este consejo, le debo decir que solo alrededor del 20 %.

En 2019 un estudio revelador sondeó a adolescentes de doce a dieciocho años que vivían con sus padres. Los investigadores preguntaron específicamente cuántos adolescentes llevaban sus teléfonos al dormitorio cada noche y con qué frecuencia los revisaban. La encuesta reveló que el 79 % de ellos tenía su celular en el dormitorio cada noche, el 68 % lo tenía a mano, incluido el 29 % que en realidad dormía con sus dispositivos en su cama.[24]

Entonces, ¿por qué tantos padres permiten que sus hijos conserven sus dispositivos en sus dormitorios cuando su médico de familia les ha aconsejado literalmente lo contrario durante décadas? Quizás porque el 74 % de los adultos estadounidenses duerme con su teléfono o lo mantiene a su alcance.[25]

Tal vez sea porque, una vez más, la presión está presente. Cuando el 89 % de las amigas de tu hija tienen *smartphones*[26], y el 79 % lo guarda en su habitación todas las noches, tu hija podría preguntarse seriamente por qué tus normas sobre las pantallas son tan injustas y arcaicas.

Entonces, permítame formular la pregunta que los adolescentes se hacen: ¿Es posible que los alarmistas y agoreros estén haciendo un problema de algo que en realidad «no es para tanto»?

Lo siento, pero los hechos demuestran que es un problema muy importante. Los pediatras en verdad saben de lo que hablan. En realidad no hay ningún debate al respecto. Cuanto más tiempo pasan los jóvenes en las pantallas menos duermen. Y cuando los niños llevan sus pantallas a sus habitaciones el sueño se ve aún más afectado, y las consecuencias de dormir mal son colosales y costosas.

Estos son temas importantes de los que usted debe hablar con sus hijos y, como ya hemos mencionado, ellos no quieren escuchar un simple: «Porque lo digo yo» o, en este caso, «Porque tu médico lo afirma». Es otra oportunidad para dialogar con ellos acerca de las razones subyacentes a esta decisión, para que puedan estar preparados para tomar la misma decisión por ellos mismos cuando estén fuera de casa y solos.

Así que veamos algunas de estas razones, comenzando por cómo afectan el sueño las pantallas.

¿Realmente las pantallas afectan el sueño de mis hijos?

Todos coinciden en que los adolescentes deberían dormir unas nueve horas por noche. Los niños más pequeños necesitan dormir considerablemente más. Pero, en la actualidad, casi la mitad de los adolescentes estadounidenses duermen menos de siete horas por noche. ¿Cuándo empezó esto?

Permítame contarle la historia de los *smartphones* en cuatro frases: a principios del 2000 los niños tenían celulares normales. Si querían estar en las redes sociales lo hacían desde una computadora. Pero en enero de 2007 se lanzó el primer *iPhone*. Estados Unidos se enamoró de inmediato de los *smartphones*, y para 2012 más de la mitad de los adolescentes ya los tenían en sus bolsillos.

Es allí cuando se produjo el cambio.

Entre 2012 y 2015, el número de adolescentes que dormía menos de siete horas por noche aumentó un 22 %.[27]

Consulto mucho este tipo de estadísticas. Los números cambian un 3 %, un 5 %... y, a veces, hasta un 10 %. Pero un aumento del 22 % solo se produce cuando se introduce una nueva variable en la ecuación. Y en 2012 en realidad se introdujeron diversas nuevas variables: fue el año en el que la mayoría de los niños se convirtieron en propietarios de *smartphones*, se lanzó el *Snapchat* y estalló la popularidad del *Instagram*.

Ahora que los niños llevan pantallas y redes sociales encima las 24 horas del día, casi la mitad duerme menos de siete horas por noche (lo que en realidad representa un aumento del 58 % del número de adolescentes que dormían menos de siete horas en 1991).[28]

¡Es mucha cantidad de niños cansados!

¿Y cómo los mantienen despiertos las pantallas?

1. Las pantallas retrasan la hora en que sus hijos se van a dormir

En primer lugar, permítame abordar rápidamente una realidad casi insignificante con respecto a las pantallas: se sabe que la luz azul que emiten afecta nuestra capacidad para dormir. ¿Por qué es tan insignificante? Porque es fácil de solucionar. Es probable que sus hijos ya sepan esto y consideren que «no es para tanto», ya que lo único que necesitan hacer es pasar sus teléfonos al modo «noche» o «Night Shift» y así eliminar la luz azul. Son incontables las fuentes *online* que explican cómo hacerlo.

Y sus hijos tienen razón: el problema de la luz azul es fácil de solucionar. Pero la pérdida de sueño que experimentan los adolescentes proviene de algo más que las luces que emiten sus pantallas. Incluso sin la luz azul, las pantallas activan el cerebro de nuestros hijos, haciéndolos estar alertas y estimulados, lo cual dificulta el sueño.

Cuanto más se involucran nuestros hijos con las pantallas, peor duermen. Por eso sería ideal que su pediatra les aconsejara a usted y a su hijo: «¡Fuera las pantallas una hora antes de acostarse!» Sin embargo, una abrumadora mayoría de los padres ignorará este consejo.

No solo el 79 % de los adolescentes lleva sus teléfonos a sus dormitorios cada noche sino que, como reveló el mismo estudio, el 70 % usa sus dispositivos unos treinta minutos antes de apagar las luces.[29] Y luego se quedan acostados en la cama con sus mentes aceleradas.

Es muy probable que las redes sociales sean las principales culpables de mantener a los niños despiertos por la noche de forma intencionada. No, no es que los malvados desarrolladores de aplicaciones quieran necesariamente mantener a nuestros hijos despiertos para que les vaya mal en la escuela al día siguiente, pero es indudable que crearon la aplicación para captar la atención de los niños, azuzar sus cerebros y recompensarlos de forma periódica para mantenerlos absortos. Se sabe que navegar en las redes sociales estimula la dopamina y los incita: «¡Oye, amigo, esto te hará sentir bien!» Y esa expectativa suele, por lo general, provocar insomnio.

Lo mismo ocurre al ver pornografía en internet. Cuando el niño ve de manera repetida ese tipo de imágenes, la simple expectativa de estas le provoca una oleada de dopamina antes de que se produzca cualquier placer físico. Digo intencionalmente «el» porque las niñas no suelen caer en esto con tanta frecuencia como los varones. El Grupo Barna realizó una encuesta para averiguar cuántos «cristianos practicantes» y «no practicantes» de trece a veinticuatro años buscan pornografía «al menos una vez al mes». Y aquí están los resultados:[30]

- El 72 % de los hombres cristianos «no practicantes».
- El 41 % de los hombres cristianos «practicantes».

- El 36 % de las mujeres cristianas «no practicantes».
- El 13 % de las mujeres cristianas «practicantes».

Permita que estos números decanten en su cabeza por un momento. Aunque su hijo vaya a la iglesia y ame a Jesús, *el 41 % de los hombres cristianos «practicantes» de entre 13 y 24 años busca pornografía con frecuencia.*

La atracción por la pornografía es común hoy en día, ya que tiene innumerables puntos de acceso. Fíjese en *YouTube*, uno de los sitios *online* favoritos de los adolescentes. Incluso si sus hijos están viendo un video inocente, al terminar este, YouTube le sugerirá «con amabilidad» que vea más videos que podrían gustarles y, de vez en cuando, una de esas «sugerencias» presenta una imagen ligeramente seductora. Y, como muchos de ustedes saben, un clic en ese enlace puede llevar a los espectadores por caminos desconocidos hasta la pornografía.

En resumen, la pornografía es una gran tentación para los adolescentes y jóvenes hoy en día, en especial para los hombres. Tener un teléfono en sus dormitorios aumenta la accesibilidad, sin tener que rendir tantas cuentas. Y cuanta más pornografía ven los niños más la desean. La pornografía en Internet tiene la intención de conducir a la persona a más pornografía aún.

Uno de cada tres adolescentes se despierta en mitad de la noche para revisar su teléfono.

Lo mismo ocurre con los videojuegos. A diferencia de las películas o de los programas de televisión, los primeros son interactivos. La mayoría de los estudios muestran que jugar a ellos antes de acostarse no solo aumenta la «latencia del inicio del sueño» (el tiempo que les lleva a los niños conciliar el sueño), sino que también los excita tanto que dificulta su capacidad para realizar la transición hacia un sueño profundo.[31]

¿Qué significa todo esto?

Nuestros médicos tienen razón cuando nos aconsejan: «Dejen de usar las pantallas antes de acostarse. Perjudicará su sueño.»

2. Las pantallas interrumpen el sueño de sus hijos

Las pantallas no solo retrasan la hora de dormir de nuestros hijos; también interrumpen su sueño durante toda la noche. Uno de cada tres adolescentes se despierta en mitad de la noche para revisar su teléfono.[32]

Piense en eso por un momento. Si tiene tres hijos con teléfonos en sus dormitorios, según las estadísticas, uno de ellos se levantará a revisar una notificación o entrará rápidamente en las redes sociales en mitad de la noche.

Pregúntese: *¿Afectaría eso mi sueño?*

Adéntrese en el mundo de ellos por un instante para tratar de entenderlo.

Para la mayoría de los niños de hoy, los «me gusta» y los seguidores lo son todo. En un mundo donde casi nueve de cada diez jóvenes (86 %) quieren convertirse en *influencers* en las redes sociales,[33] el estatus social lo es todo. (Pasaremos mucho tiempo explorando el fenómeno de los *influencers* en los próximos capítulos). Por lo tanto, si sus hijos publican un nuevo video justo antes de acostarse es probable que se despierten durante la noche para revisar los «me gusta» y los comentarios.

¿Y cómo cree que afectará su sueño cuando no obtienen tantos «me gusta» como esperaban?

¿Se activarán sus mentes cuando lean un comentario negativo que critica su video? (Lamentablemente, los «trolls» de internet están en todas partes. Estas personas adoran provocar una respuesta con sus comentarios críticos o crueles, como un pescador que lanza su anzuelo.)

Demasiados niños tienden a despertarse y a mirar sus teléfonos cuando los tienen en sus dormitorios. Como ya mencioné, uno de cada tres adolescentes (estadísticamente, el 36 %) se despierta al menos una vez durante la noche para revisar sus dispositivos móviles.[34] Pero, creo sinceramente, que ese número ha aumentado desde 2019. Las redes sociales se han vuelto más absorbentes. He conocido a muchos niños que afirman estar despiertos «toda la noche» revisando notificaciones. Algunos casi parecen presumir de tener insomnio.

Como Adam.

Las notas de Adam estaban bajando, tenía arrebatos en la escuela y en casa, y mostraba signos de depresión. Cuando hablé con él, me confesó: «No puedo dormir, así que me quedo despierto y juego a videojuegos».

Tenía razón al decirme que no podía dormir, pero no se daba cuenta cuál era la raíz del problema. Adam tenía una computadora en su habitación. Sus padres lo descubrieron despierto varias noches jugando y mirando páginas porno. Cuando lo confrontaron, él argumentó: «Bueno, ustedes no saben lo que es no poder dormir».

Pasé tiempo con Adam en varios viajes de campamento del ministerio juvenil y lo observé sin que él se percatara. Sé lo que es tener problemas para conciliar el sueño.

Verá, yo padezco alteraciones graves del sueño. Me sucede desde que era niño. Numerosos terapeutas me han diagnosticaron TDAH y TOC, entre otras cosas. Muchos quisieron prescribirme diferentes medicamentos. Sin embargo, no dormía bien por la noche. Me costaba trabajo apagar mis pensamientos. Recuerdo que pasaba gran parte de mi infancia deambulando por la oscuridad, explorando y metiéndome en problemas.

Dormir nunca fue fácil para mí.

Conozco los síntomas, las causas y las innumerables teorías acerca de los posibles remedios.

Ya de adulto, el insomnio me resultó útil para mi trabajo en el ministerio juvenil. Recuerdo estar a cargo de cientos de adolescentes durmiendo en un gimnasio, en un evento de una semana. Fui siempre, literalmente, la última persona en la sala en quedarse dormida. Los adolescentes siempre se sorprendían cuando intentaban salir con sigilo después de la hora de acostarse y yo los estaba esperando junto a la puerta.

Aquella semana vi a Adam participar de todo tipo de actividades saludables durante el día (sin duda, más actividad física que la que acostumbraba a hacer en su vida diaria), cenar saludablemente sin bebidas con cafeína y luego acostarse sin una pantalla (estábamos fuera del alcance de cualquier señal, por lo que nadie tenía pantallas).

Es gracioso cómo el autodiagnosticado insomne dormía como un bebé noche tras noche.

En ese momento no lo sabía, pero lo que observé en Adam fue casi un caso de manual. Las pantallas, la dieta y la actividad física afectan el sueño y, en consecuencia, todo eso influye en el de un adolescente al día siguiente.

Por eso exactamente creo que este tema es tan importante. Las pantallas en el dormitorio afectan el sueño, y el sueño influye *enormemente* en la salud mental.

¿Qué sucede cuando los adolescentes pierden el sueño?

La Dra. Michelle Guerrero y sus colegas del Grupo de Investigación en Salud Activa y Obesidad de Canadá estudiaron a más de cuatro mil niños de entre ocho y once años. En el estudio, los investigadores examinaron cómo el tiempo de pantalla recreativa, el sueño e incluso la actividad física afectaban la tendencia de los niños a actuar de manera impulsiva durante el día.[35]

Esta investigación me pareció fascinante por el vínculo que descubrieron entre el tiempo de pantalla, el sueño y la salud mental, de forma específica en la capacidad de los jóvenes por completar tareas y en sus arrebatos cuando las cosas no salían como ellos esperaban. De forma curiosa, en sus hallazgos se destacaron dos factores que influyen en la impulsividad: *el sueño y el tiempo dedicado a las pantallas.*

Cuando los niños dormían más (de nueve a once horas por noche) y pasaban menos de dos horas al día frente a las pantallas recreativas obtenían puntuaciones más altas en los ocho ámbitos de impulsividad. Más sueño y menos tiempo de pantalla equivalen a menos comportamientos impulsivos.

Creo que vale la pena destacar que la actividad física también es un factor que afecta al sueño. Cuando los niños son más activos durante el día duermen mejor por la noche, lisa y llanamente. Pregúnteselo a cualquier líder juvenil que lleve a un grupo de niños a esquiar durante el día. Todos duermen como bebés esa noche.

Si los niños se pasan todo el día sentados viendo Netflix o jugando a videojuegos dejarán de hacer el ejercicio necesario, y eso perjudicará su sueño. El tiempo de pantalla influye de muchas maneras en el sueño. Por lo tanto, no me sorprendió cuando estos investigadores descubrieron que el sueño y el tiempo de pantalla son los dos factores principales que influyen en el comportamiento de los niños durante el día.

Los investigadores concluyeron que limitar el tiempo de pantalla recreativa y fomentar el sueño adecuado ayuda a los niños a evitar que tomen decisiones impulsivas y, a su vez, tendrán comportamientos menos arriesgados.

La investigación que vincula el sueño con la salud mental es inmensurable. Cuando el sueño de sus hijos se ve afectado también lo hace su salud mental.

Sin embargo, esto va aún más allá. Las consecuencias de los malos hábitos de sueño son numerosas:

- *Bajo rendimiento escolar.* Los niños que duermen menos obtienen peores calificaciones. Sí, es casi tan simple como eso. La Fundación Nacional del Sueño examinó un estudio que midió el sueño y el rendimiento escolar en los niños y concluyó que «uno de los mejores pronosticadores del fracaso escolar… [es] la fatiga de los niños».[36]
- *Conducir somnoliento*. La investigación reveló que conducir cansado es «comparable a conducir con un contenido de alcohol en sangre de 0,08 [por ciento], el límite legal de intoxicación [permitido en los Estados Unidos]».[37]
- *Obesidad.* Los estudios muestran que «por cada hora de sueño perdido las probabilidades de tener obesidad aumentan [en los adolescentes] un 80 %».[38]
- *Problemas de comportamiento*. Casi todos los estudios del sueño conectan el dormir escasamente con los comportamientos negativos, que van desde ser más vulnerable al consumo de drogas y alcohol hasta ser impaciente y gruñón. (¿Alguna vez

ha notado que tiende a ser más hiriente con los demás cuando está cansado?).

Estas consecuencias son significativas, pero veamos la secuela principal de la pérdida de sueño en los niños: la mala salud mental.

El bienestar mental de sus hijos

Un estudio realizado por la Universidad del Centro de Ciencias de la Salud de Texas reveló que los adolescentes tienen de cuatro a cinco veces más probabilidades de estar deprimidos si acumulan horas de sueño.[39]

Existe una conexión curiosa entre la falta de sueño y la depresión. Digo *curiosa* porque la relación es un carril de doble sentido. Definitivamente, los niños deprimidos sufren problemas para dormir, pero también es cierto que la falta de sueño hace que tengan más probabilidades de deprimirse. Por lo tanto es innegable, según la investigación, que existe una correlación entre el sueño deficiente y la mala salud mental.

En un artículo de la Escuela de Medicina de Harvard, titulado «Sueño y salud mental», los expertos concluyen que la privación del sueño puede afectar su salud mental. El estudio citado de una organización de control de la salud de Michigan descubrió, al igual que el estudio de la Universidad de Texas, que los adultos que informaron acerca de sus antecedentes de insomnio tenían cuatro veces más probabilidades de desarrollar una depresión mayor, transcurridos tres años.

Los investigadores de Harvard concluyeron entonces que:

> «Aún no se entiende del todo la base cerebral de la relación entre el sueño y la salud mental. Sin embargo, los estudios de neuroimagen y neuroquímica sugieren que una buena noche de sueño ayuda a fomentar la resistencia mental y emocional, mientras que la privación crónica del sueño prepara

el escenario para el pensamiento negativo y la vulnerabilidad emocional.»[40]

No se olvide del otro estudio que mencioné antes en este capítulo, en el que los investigadores descubrieron que cada hora de sueño perdida resultaba en un aumento del 38 % de las «posibilidades [en los adolescentes] de sentirse tristes y desesperanzados» y un aumento del 58 % de los intentos de suicidio.[41]

La Academia Estadounidense de Pediatría concluye que «abordar el insomnio mejorará en gran medida el tratamiento de la depresión».[42]

Cualquier consejero le indicará que una de las primeras preguntas de los terapeutas a los pacientes que luchan contra la depresión es: «¿Cómo duerme?»

El sueño es vital.

El tiempo de pantalla en las redes sociales nunca es un buen aliado.

Cree un clima de conversación relajado

¿Cómo puede hablar con sus hijos acerca de las pantallas en su dormitorio? Una vez más, ponga en práctica lo aprendido en los dos últimos capítulos acerca de cómo crear un clima de conversación relajado para conversar de estos temas.

1. Cuando lea algo en este libro que le llame la atención menciónelo en una reunión familiar. Rompa el hielo con una pregunta divertida. Por ejemplo: «Si no tuvieras normas que te marcan la hora de acostarte y te pudieras quedar despierto hasta tarde, ¿qué te quedarías haciendo y a qué hora crees que te acostarías?»
2. Aborde el tema que le gustaría debatir leyendo un párrafo o estudio interesante. Luego, solicite la opinión de sus hijos. Escuche; no pronuncie sermones. Solo formule preguntas como:

- ¿Por qué crees que el sueño afecta tanto el rendimiento escolar, la conducción, propicia la obesidad y los problemas de comportamiento?
- ¿Cuáles crees que son las razones más importantes por las que los teléfonos mantienen despiertos a los niños por la noche?
- ¿Por qué crees que alrededor de ocho de cada diez niños guardan su teléfono en el dormitorio por la noche?

3. Practique la empatía, poniéndose en el lugar de sus hijos e intentando comprender sus puntos de vista y sus sentimientos. No critique sus respuestas, solo escúchelos.
4. Pregunte a sus hijos: «¿Qué les parece mejor? ¿Cómo resolverían el problema en cuestión?» O, en este caso, podría preguntarles: «¿Cómo creen que deberían responder los padres cuando sus hijos les dicen que quieren tener pantallas en su habitación?»
5. Retrase la corrección o la toma de decisiones. En realidad, aléjese. No se apresure en establecer límites o imponer una decisión inmediata. Dígales que necesita tiempo para pensar y para orar sobre la situación.

Verá que estos pasos se repiten una y otra vez a medida que lee este libro. Y cuando acabe la lectura agregue este paso:

6. Establezca un momento para hablar acerca de lo que ha leído y tomar decisiones con respecto a las pantallas. Avíseles previamente a sus hijos. Tal vez podría decirles: «Este jueves iremos a comer una pizza para hablar acerca de cómo podemos ser más sensatos en el uso de las pantallas en casa».

Y cuando llegue ese día y decida que los teléfonos ya no estarán permitidos en el dormitorio, es probable que sus hijos argumenten: «¡Pero necesito mi teléfono como despertador!» Es allí cuando usted se limitará a sonreír y añadirá: «Bueno, hay otro dispositivo que cumple muy bien esa función. Se llama *despertador*. Aquí tienes dinero. Puedes comprar uno en la tienda virtual.»

Preguntas para el debate

1. ¿Cuál es la razón más convincente por la que los niños no deberían tener teléfonos en sus dormitorios?
2. ¿Por qué cree que existe una conexión innegable entre la pérdida de sueño y la depresión?
3. ¿Alguna vez ha notado que sus hijos muestran alguna de las consecuencias o síntomas de la pérdida del sueño que se mencionan en este capítulo? ¿Qué pudo observar?
4. ¿Por qué cree que algunos padres no hacen cumplir la directriz vital «sin pantallas en el dormitorio»?
5. ¿Cree que los padres deben dar el ejemplo de esta directiva haciendo lo mismo con sus propios teléfonos? ¿Por qué sí y por qué no?
6. ¿Qué actividad en las pantallas podría estar afectando el sueño de sus hijos?
7. ¿Cómo puede crear esta semana un ambiente de conversación relajado para hablar acerca de las pantallas en el dormitorio?

CAPÍTULO 5

Los efectos no deseados de las redes sociales

Y cómo construir la autoestima de sus hijos

SIEMPRE ME RESULTA FASCINANTE cuando investigadores con puntos de vista opuestos coinciden realmente en algo. Y una de las pocas ideas en las que alcanzaron consenso recientemente, con muy poca oposición, fue en los efectos que tienen las redes sociales en la salud mental de los niños, *en especial en las chicas adolescentes.*

Las redes sociales están creando un entorno de presión para los jóvenes de hoy, y su bienestar mental está pagando el precio.

¿Por qué las redes sociales afectan más la salud mental que los videojuegos, la música o la televisión? ¿Y por qué ha aumentado ese porcentaje desde la llegada de los *smartphones*?

Son grandes preguntas. Y las respuestas se están volviendo cada vez más claras desde que los niños llevan las redes sociales en sus bolsillos.

Observe más de cerca por qué el exceso de redes sociales está perjudicando la salud mental de sus hijos, qué puede hacer usted para prevenirlo y cómo puede ser proactivo en la construcción de su autoestima.

El barómetro de la autoestima

Pasé un tiempo realmente difícil en la secundaria. No tenía muchos amigos y comía solo la mayoría de las veces. En particular, había un niño que se ensañaba conmigo. Él y sus amigos pusieron en práctica todo lo que dice el manual del acoso: tirar los libros de mi pupitre, golpearme en la nuca en las mañanas frías, escribir insultos vergonzosos en mi casillero con marcador permanente. Fueron años difíciles.

La mayoría de mis amigos no la pasó tan mal como yo, pero pocos afirmarían que aquellos años fueron fáciles. Probablemente sea justo reconocer que los adolescentes siempre han tenido problemas para encajar.

Pero en aquel entonces todos teníamos un salvavidas: un respiro ante la presión de ser aceptados. Para mí, la campana final sonaba a las 2:42 de la tarde, cuando corría a casa y era el lugar en donde estaba a salvo hasta las 7:55 de la mañana siguiente. Más de diecisiete horas alejado del tormento.

Sin embargo los niños de hoy no descansan de la presión.

Ahora, a las 2:42 de la tarde los teléfonos se van con ellos, y los niños entran en un mundo completamente nuevo en el que no solo son comparados con sus compañeros de escuela sino también con niños de todo el mundo; niños más atractivos y creativos, con más «me gusta» en sus publicaciones y con más seguidores. De hecho, cada uno de estos atributos se representa problemáticamente mediante un número que todos pueden ver en las redes sociales:

- Olivia, 843 amigos. Acaba de publicar una foto de ella y dos amigos en el lago: 327 me gusta.
- Tyler, 1.043 amigos. Acaba de publicar una foto de su nueva camioneta: 278 me gusta.
- Isabella, 962 amigos. Acaba de publicar una foto de sus nuevos zapatos: 246 me gusta.

Estos son los chicos de élite. Luego están los chicos normales, como Katherine. Es divertida, creativa, amable… y forma parte del equipo de natación. Pero solo tiene 237 amigos, un número que palidece en comparación con los chicos de la élite. Y su última foto de su perro, Pugsly, con jersey, obtuvo unos escasos 43 me gusta.

¿Crees que Katherine se dio cuenta?

Por supuesto.

Los números la miran a la cara cada vez que abre su perfil en las redes sociales. Y deslizarse hacia abajo no ayuda. Más de lo mismo.

- Lily, con su larga cabellera, dientes perfectos y 629 amigos, publicó una foto de su gato bostezando: 159 me gusta.
- Chloe, bronceada y hermosa, con 864 amigos, publicó una foto de sus Vans a cuadros: 184 me gusta.
- Logan, un jugador de lacrosse con 1.385 amigos, publicó una foto de él y su novia, Mía, antes del baile de graduación: 383 me gusta.

Empieza la presión.

Seguidores.

Me gusta.

Estoy seguro de que Steve Jobs nunca lo buscó, pero el *smartphone* se ha convertido en un barómetro de la autoestima portátil en tiempo real.

> ***El smartphone se ha convertido en un barómetro de la autoestima portátil en tiempo real.***

No solo les señala a los niños lo populares que son y cuántos «me gusta» tienen sus publicaciones, sino que también los expone a un panel constante de críticos cobardes que comentan sus publicaciones desde la seguridad de sus nombres de usuario anónimos.

Encajar nunca ha sido tan difícil.

Un consenso

¿Toda esa presión afecta la salud mental de nuestros hijos?

El debate lleva casi una década.

¿Los *smartphones* son perjudiciales para los niños?

¿Está relacionado el aumento del tiempo frente a las pantallas con el crecimiento sin precedentes de la depresión, la ansiedad y el suicidio adolescente?

Antes de responder estas preguntas, debo señalar que no nos estamos refiriendo a un pequeño aumento. Una de cada cinco adolescentes experimentó un episodio depresivo mayor en algún punto de 2017.[43] Eso representa un aumento del 84 % durante la última década. Y un informe del Departamento de Salud y Servicios Humanos de los Estados Unidos (HHS) reveló que las tasas de suicidio entre los estadounidenses de diez a veinticuatro años aumentaron un 56 % entre 2007 y 2017.[44] El *iPhone* salió al mercado en 2007. Los mayores aumentos se dieron entre los más jóvenes, con tasas de suicidio que casi se triplicaron durante ese período en adolescentes de diez a catorce años.

Desconcertados, los investigadores han estado buscando la causa. Muchos observaron una correlación entre las tasas de suicidio en adolescentes y el aumento del tiempo frente a las pantallas desde que se han creado los *smartphones*. La Dra. Jean Twenge lo destaca en su artículo: «Dejen de debatir si pasar demasiado tiempo con el *smartphone* puede perjudicar a los adolescentes y comiencen a protegerlos». Y declara:

> «Cuatro amplios estudios realizados con adolescentes de los Estados Unidos y del Reino Unido demuestran lo mismo: la felicidad y la salud mental aumentaron con el uso de medios digitales extracurriculares de entre media y dos horas al día; el bienestar disminuye constantemente a partir de ese tiempo, y quienes pasan más tiempo en línea son quienes peor se sienten.»[45]

Pero aquí es donde el debate se vuelve interesante. A pesar de que los investigadores siguen sin ponerse de acuerdo, Jonathan Haidt creó una revisión de literatura de código abierto, uniendo los resúmenes de todos los estudios relevantes que pudo encontrar de ambos lados de la cuestión. E invitó a otros investigadores a contribuir con el documento, con la esperanza de llegar a un consenso en cuanto a que las redes sociales son un factor que contribuye al aumento de las tasas de depresión, ansiedad, autolesiones y suicidio entre los adolescentes.[46]

En 2020, mientras escribía este libro, todos estos investigadores llegaron a un consenso: básicamente estaban de acuerdo en dos verdades innegables:

1. Desde luego, una crisis de salud mental está afectando a los adolescentes, en especial a las niñas, en todos los principales países de habla inglesa.
2. Cuando se combinan los datos de ambos géneros, la prueba de que el tiempo de pantalla está relacionado con estos problemas de salud mental es débil e incoherente. Pero cuando uno limita el análisis a los efectos de las redes sociales en las niñas, la relación es sólida y coherente.

¿Qué significa esto?

En resumen, estos investigadores concuerdan abrumadoramente en que nuestras niñas pagan un alto precio cuando pasan demasiado tiempo en las redes sociales.

Sin embargo, estas conclusiones no son unánimes. Hoy mismo leí un informe en el que ciertos investigadores afirmaban que la cantidad de tiempo que los adolescentes pasan en las redes sociales *no* está relacionada de forma fehaciente con problemas graves de salud mental, como la depresión y la ansiedad. Insisten en que simplemente no hay evidencia suficiente. No puedo evitar preguntarme si este grupo particular de investigadores ha pasado tiempo con adolescentes, porque casi todos los trabajadores juveniles que conozco observan esta conexión con claridad, sobre todo cuando las niñas pasan demasiado tiempo en las redes sociales. (Trataremos más este

Los investigadores concuerdan en gran medida en que las chicas pagan un alto precio cuando pasan demasiado tiempo en las redes sociales.

tema en el capítulo siguiente, en el que hablaremos acerca del tiempo dedicado a las pantallas).

A pesar de que la mayoría de los expertos ha observado que los adolescentes sufren problemas de salud mental cuando pasan demasiado tiempo frente a las pantallas, sería un error meter en el mismo saco todo el tiempo que pasan frente a las pantallas y tacharlo de nocivo. Por ejemplo, *Netflix* y *Spotify* no parecen tener un impacto negativo observable en la salud mental de nuestros hijos. Pero cuando investigamos esa red social que tanto les encanta a nuestros hijos... *Houston, tenemos un problema.*

Los investigadores también coinciden en que cuanto *más tiempo* pasan los adolescentes en las redes sociales, en especial las niñas, más fuerte es la conexión con sus problemas de salud mental. En realidad hay poca evidencia de que haya un daño en el uso diario moderado (una hora al día). Pero la mayoría de los investigadores observaron efectos perjudiciales en el uso intensivo (dos o más horas al día).

Incluso algunos estudios revelaron que la tasa de depresión se duplica a medida que los niños pasan de un uso moderado a un uso intensivo de las redes sociales.[47] Del mismo modo, en siete de cada ocho estudios, los investigadores observaron una mejora en alguna medida en la salud mental o en la felicidad después de reducir o eliminar el uso de las redes sociales durante unas semanas.[48]

En resumen: las redes sociales no solo afectan la salud mental de nuestros hijos, sobre todo las niñas, sino que la cantidad de horas que pasan en estas cada día marca la diferencia.

Los estudios más recientes que rastrean con exactitud cuántas horas pasan los adolescentes frente a las pantallas son reveladores, porque las redes sociales ocupan una buena parte de ese tiempo. Los niños de ocho a doce años promedian una hora y diecisiete minutos al día en redes sociales, como *Instagram* y *Snapchat*.[49] Pero si agregamos el tiempo que pasan viendo videos *online* en aplicaciones como *YouTube*, que técnicamente también son redes sociales, las cifras aumentan de un modo considerable. (Y esta categoría de videos *online* no incluye películas o series de aplicaciones como *Netflix*, que está en otra categoría). Los niños de ocho a doce años promedian una hora y cuarenta y cuatro minutos adicionales al día viendo videos *online*, que a menudo son clips divertidos de *influencers*.[50] A continuación, se muestra el desglose de cuánto tiempo pasan los niños de ocho a doce años en las redes sociales:

Redes sociales:	1 hora y 17 minutos al día
Videos *online* (no televisión):	1 hora y 44 minutos al día
TOTAL REDES SOCIALES:	3 horas y 1 minuto al día
Tiempo recomendado:	No más de 1 ó 2 horas al día

Los adolescentes de trece a dieciocho años pasan más tiempo aún en las redes sociales: un promedio de una hora y cincuenta y seis minutos al día. Pero también pasan un promedio adicional de una hora y treinta y siete minutos al día viendo videos en línea, siendo YouTube su aplicación preferida.[51]

A continuación, se muestra el desglose para este grupo de edad:

Redes sociales:	1 hora y 56 minutos al día
Videos *online* (no televisión):	1 hora y 37 minutos al día
TOTAL REDES SOCIALES:	3 horas y 33 minutos al día
Tiempo recomendado:	No más de 1 ó 2 horas al día

Tal vez puede pensar: *¿Cuál es el problema con estos videos online?* Eso es exactamente lo que dicen los adolescentes. Sin embargo, los videos online son una de las principales razones por las que ellos desean, de forma masiva, convertirse en *influencers online* de un modo u otro.

Sígueme

Ethan tiene dieciséis años y pasa cada momento libre haciendo videos de juegos y publicándolos en su canal de YouTube. Ya cuenta con más de cuatro mil seguidores. Su sueño es conseguir un patrocinio y convertirse en *influencer* a tiempo completo.

Ethan no está solo. Está entre el 86 % de los niños de la Generación Z que quieren convertirse en *influencers* en las redes sociales.[52] El 80 % de los adolescentes de trece a dieciocho años quiere ser autónomo en el futuro, de los cuales el 73 % lo harán como *freelancers*.[53] Ethan ya les ha tirado la bomba a sus padres de que no quiere ir a la universidad. Quiere crear videojuegos a tiempo completo.

A Ethan siempre le ha encantado hacer los videojuegos, y los hace bien, tanto que todos sus amigos los miran para aprender a pasar ciertos niveles en los nuevos juegos. Compra las últimas novedades en su fecha de lanzamiento, como si fuera un trabajo, y juega sin parar, excepto durante el tiempo de clases; come y duerme poco. En una semana se convierte en un experto en un juego en particular, publicando reseñas y participando en estrategias en foros populares de juegos.

Pero Ethan necesita tener más seguidores.

Todos los *influencers* los necesitan.

Cuando tenía catorce años, uno de sus amigos lo grabó contando chistes, mientras conquistaba un nuevo juego de *Call of Duty* y lo publicó en YouTube. El video acumuló más de cincuenta mil visitas la primera semana. Fue entonces cuando se le ocurrió la idea de convertirse en *influencer*.

Muchos jóvenes publican videos de ellos mismos jugando, pero la combinación de humor y habilidad de Ethan lo hizo bastante popular.

El problema es que los seguidores son mucho más difíciles de conseguir de lo que Ethan imaginaba. Pensó que cincuenta mil visitas deberían generar cincuenta mil seguidores. Pero pronto se dio cuenta de que los espectadores podrían ver diez segundos y luego pasar a otro video, y luego a otro y a otro. Lograr que un espectador se quede un par de minutos y después se suscriba a su canal de YouTube es todo un logro, que comenzó a quitarle el sueño.

¿Por qué este tipo, Josh Merc, tiene 123.000 seguidores cuando es tan malo?, se preguntaba Ethan.

Es algo que se produce en las redes sociales: *las comparaciones*.

Esto es algo inevitable en el mundo de las redes sociales, cualquiera sea la plataforma. Si quieres ser una estrella de YouTube siempre habrá alguien con más seguidores (a menos que tu nombre sea PewDiePie).

Ese es uno de los subproductos de los niños que «solo ven videos» en YouTube o en TikTok. Muchos descubren nuevos «modelos a seguir» que publican videos divertidos y piensan: «Yo podría hacer lo mismo».

De hecho, cada vez que hablo sobre el tema de los niños que quieren ser *influencers*, siempre me sorprende la cantidad de padres que se acercan a mí después de un taller y me cuentan que uno de sus hijos pasa cada momento que está despierto en YouTube y quiere ser el próximo *Dude Perfect*.

Mi amiga Julie es maestra de tercer grado y todas las semanas entrevista a uno de sus estudiantes frente a la clase, haciéndole preguntas como: «¿Qué quieres ser cuando seas grande?» Dice que años atrás los niños siempre respondían: «Médico», «entrenador de delfines» o «presidente de los Estados Unidos». Ahora, me comenta que ocho de cada diez estudiantes le contestan: «Quiero ser YouTuber».

Existe una presión similar en Instagram para convertirse en una celebridad de *Insta*. La generación de sus hijos ha crecido viendo cómo personas comunes llegaban a ser alguien en Instagram haciendo cosas simples, como maquillarse o publicar fotos graciosas. Y piensan: «Yo podría hacer eso».

Lidiar con las aspiraciones de los hijos es difícil para los padres, porque no queremos ser quienes frustren sus sueños. Pero, al mismo tiempo, no queremos que nuestros hijos descarten los planes de hacer una carrera universitaria solo por aspirar a ser una Instacelebridad (creo que acabo de inventar esa palabra). Más importante aún, no queremos que nuestros hijos se pongan en riesgo física y emocionalmente en el intento de convertirse en *influencers*. He visto a niños hacer ambas cosas demasiadas veces.

El daño físico radica en el simple hecho de que los niños están dispuestos a hacer casi *cualquier cosa* por obtener más seguidores, hasta tener conductas arriesgadas. A veces intentan hacer estupideces. Por ejemplo, fíjese en el «Fire Challenge», en el que los niños se prenden fuego y publican el video en YouTube (no, no lo estoy inventando).[54]

Permítame ser claro: Maniobras peligrosas como estas, incluido el juego del ahorcamiento y el Desafío del *Tide Pod*, son reales, aunque no comunes. El riesgo cotidiano que la mayoría de los niños asume hoy en día consiste simplemente en dejar sus perfiles en configuración pública para que cualquiera los siga. Eso es tan corriente en una cultura en la que los niños quieren seguidores a cualquier precio, que le dedico un capítulo entero al tema (capítulo 7, «Te Veo»).

De hecho, algunos perfiles de las redes sociales están configurados como «públicos» de manera predeterminada cuando sus hijos descargan la aplicación y se registran por primera vez. Recientemente, revisé una aplicación de redes sociales que hacía esta advertencia a los niños si cambiaban el botón a privado: «¿Estás seguro de que quieres hacer esto? Al cambiar a privado, tus posibles seguidores no podrán seguirte sin enviarte una solicitud.»

Aquí está el quid de la cuestión: si sus hijos mantienen sus perfiles públicos, los pedófilos los encontrarán sin la menor duda, verán sus fotos sin ser detectados y, en la mayoría de los casos, descubrirán más información sobre sus hijos que la que ellos desearon revelar.

La presión por conseguir más seguidores también está haciéndoles pagar un precio emocional a nuestros hijos, y es probable que esta sea una de las razones más importantes por las que todos esos investigadores llegaron al consenso de que demasiado tiempo en las redes sociales es perjudicial. Toda esa presión por ser querido y seguido está estresando a nuestros hijos.

Fíjese en Sam Benarroch, quien tenía alrededor de 166.000 seguidores en las redes sociales, pero decidió intencionalmente tomarse un descanso de ellas debido a la ansiedad que experimentó cuando sus «me gusta» comenzaron a disminuir. Sam confesó:

> «No obtener los números que deseas es muy perjudicial… es aterrador porque es una espiral en la que sientes que nunca

alcanza, y eso te deja cicatrices mentales. Ha contribuido a que mi salud mental no sea la mejor en estos días. Terminé haciendo terapia psicológica.»[55]

Entonces, ¿cómo podemos guiar a nuestros hijos para que pasen menos tiempo en las redes sociales?

Cinco maneras de proteger a nuestros hijos de los peligros de las redes sociales

1. Retrase la edad en la que abran una cuenta en las redes sociales

Si sus hijos le piden permiso para abrir una cuenta en las redes sociales antes de los trece años, la respuesta sencilla que usted puede darles es: «Lo siento, va en contra de la ley».

Como mencioné en el capítulo 3, la Comisión Federal de Comercio (FTC) prohíbe a sitios web y aplicaciones de redes sociales, incluidos Snapchat, Instagram, TikTok y Twitter, recopilar información personal de niños menores de trece años sin el consentimiento de sus padres.

2. Explíqueles los peligros que existen en las redes sociales

Cuando sus hijos cumplan trece años y le pregunten: «Mamá, ¿puedo descargar TikTok?», es el momento de hablar con ellos acerca de los peligros de esta red social. Al comienzo de este libro señalé que la mayoría de los padres nunca les darían las llaves del automóvil a sus hijos sin asegurarse primero de que sepan conducir de manera responsable. Si quieren conducir, los niños deben esperar a tener la edad adecuada. Luego hacer un curso de educación vial, aprobar un examen escrito e incluso realizar un examen práctico.

¿No le parece extraña la manera en la que se ha desentendido nuestra sociedad de educar a nuestros hijos en el uso de las redes sociales de manera responsable?

Piénselo. Incluso habiendo niños y adolescentes con niveles sin precedentes de ansiedad, depresión y suicidio, y numerosas advertencias de la comunidad de salud mental acerca de los *smartphones* y las redes sociales, la mayoría de los padres aún le entregan un teléfono a sus hijos con muy poca instrucción. De hecho, descubro que la mayoría de los padres reconocen: «Mis hijos saben más sobre este dispositivo que yo».

Creo que las mamás y los papás necesitan reconsiderar esto. Aunque los niños pueden ser más hábiles tecnológicamente, desde luego no son más sabios en cuanto a qué publicar, a quién aceptar como amigo, qué contenidos ver o cuánto tiempo frente a la pantalla es demasiado.

Por ello siempre animo a los padres a configurar los controles parentales en los dispositivos de sus hijos para que no puedan agregar una aplicación sin el código de acceso de mamá o papá. Esto los obligará a preguntarles: «¿Puedo descargar esta nueva aplicación?» Esto es especialmente importante durante los primeros años en los que tienen un teléfono celular.

Cuando sus hijos le formulen esa pregunta, lo mejor es siempre responderles: «No lo sé. Vamos a investigarlo juntos.»

Esta sencilla respuesta no solo les proporciona a sus hijos un sí o un no sino que abre la puerta al diálogo. Le brinda a usted la oportunidad de sentarse con ellos y enseñarles a analizar cualquier aplicación de manera objetiva y a evaluar su contenido.

Entonces, supongamos que uno de sus hijos le pide descargar una nueva aplicación llamada *Friendmigo* (¡Sí, acabo de inventarlo!).

«Hola, mamá, ¿puedo tener *Friendmigo*?»

Usted le debería responder: «No lo sé. Vamos a investigarlo juntos.»

Luego, se sienta en el sofá con su computadora portátil y comienza buscando «seguridad de *Friendmigo*», y luego tal vez «preocupaciones parentales de *Friendmigo*». Por lo general, encontrará varios artículos. Lean juntos acerca de la aplicación y luego debata estas preguntas con sus hijos:

- ¿El sitio muestra públicamente cuántos seguidores o amigos tienen los usuarios? ¿Cuenta los «me gusta»? Este factor por sí solo no debería llevarlo a que descarte una aplicación. Muchos sitios inocentes de redes sociales tienen esas funciones, pero también pueden crear un entorno de presión en el que los adolescentes se comparan con otros usuarios.

- ¿El sitio fomenta el anonimato, donde los niños pueden ocultarse detrás de un nombre de usuario o un avatar y ser quienes quieran ser? El anonimato elimina la responsabilidad y da a algunos usuarios la idea de que pueden decir o hacer lo que quieran sin asumir las consecuencias. Estos sitios pueden afirmar que permiten a los niños expresarse de forma «sincera», pero por lo general están llenos de acoso, amenazas violentas, contenido sexual y lenguaje soez.
- ¿El sitio ofrece publicaciones efímeras, en donde las imágenes o mensajes son visibles por poco tiempo y luego desaparecen? Esta característica puede fomentar la irresponsabilidad, porque los niños sienten que no hay registro de su actividad online.
- ¿El sitio fomenta el encuentro con desconocidos? Estos sitios son populares pero muy peligrosos, especialmente cuando conectan a personas según la proximidad geográfica: «Oye, genial, este chico que conocí en nuestra ciudad, llamado Ted Bundy, quiere salir conmigo esta noche».
- ¿Fomenta este sitio los encuentros para *matchear*, y que las personas se conecten solo con fines sexuales? Algunos sitios de citas pueden alardear de ser «una forma divertida de conectarse con personas nuevas e interesantes», cuando en realidad no son más que sitios para tener encuentros ocasionales.
- ¿La aplicación monitorea y filtra con eficacia el contenido inapropiado?
- ¿La aplicación revela la ubicación de la persona? ¿Usted puede desactivar esa función? Los niños nunca deberían dar su ubicación a desconocidos.
- ¿El sitio web ofrece alguna verificación de edad? Casi dudé en escribir esto porque las redes sociales ya rara vez verifican la edad. Pero es importante que los niños se den cuenta de que los seguidores online pueden ser de la edad que quieran.

- ¿Qué dicen otras reseñas de sitios web acerca de esta aplicación de redes sociales? ¿La ha revisado Plugged In? ¿Common Sense Media ha escrito algo al respecto? Si varios sitios le advierten acerca de ciertos problemas que presenta esa red social, preste atención.
- ¿Qué calificación le ponen otros sitios de reseñas a esta rede social? ¿Dicen que es apropiada para los niños? ¿O señalan: «Recomendamos su uso a mayores de quince años»?

Probablemente descubrirá que al menos una o dos de estas preguntas alzarán una bandera roja en la mayoría de las aplicaciones de redes sociales, y usted deberá tomar una decisión sensata. Por ejemplo, Instagram muestra ahora cuántos seguidores y «me gusta» tienen los usuarios, pero es bastante bueno monitoreando el contenido y no celebra el anonimato. Entonces Instagram puede ser un lugar bastante inocente para que los adolescentes publiquen fotos divertidas, pero también puede ejercer mucha presión sobre ellos, en especial sobre las chicas, para obtener más «me gusta» y seguidores.

Deberá sopesar estos elementos mientras evalúa cada aplicación junto con sus hijos.

Por lo tanto involucre a sus hijos en conversaciones acerca de estos temas. Enséñeles a reconocer algunos de los peligros de las redes sociales. Podría ser tan simple como tomar mi libro «Teen's Guide to Social Media» (Guía para los adolescentes acerca del uso de las redes sociales) y explicarles: «Este libro es tu nuevo contrato de teléfono. Júntate conmigo cada semana y debatiremos un capítulo cada vez. Cuando termines de leer el libro podrás tener Instagram».

3. Limite el uso de las redes sociales

Una vez que sus hijos se unan a las redes sociales, siga el consejo de los investigadores y limite su tiempo frente a la pantalla. No permita que pasen un promedio de dos horas al día navegando en sus redes sociales y otras dos horas viendo videos que les hagan sentir el deseo (me atrevo a decir la presión) de convertirse ellos mismos en *influencers*.

Seré sincero: Este paso es, con certeza, el más difícil para los padres. Algunas aplicaciones tienen límites individuales. Mientras escribo esto, TikTok permite a los padres establecer controles que limitan la aplicación a solo cuarenta minutos al día. Pero los niños son inteligentes. A veces abrirán una segunda aplicación y se registrarán con un segundo nombre de usuario o en un segundo dispositivo, y usarán un perfil diferente sin límites. (Con ese viejo teléfono que olvidó en un cajón o desde ese antiguo *iTouch* que sus hijos solían tener pueden descargar aplicaciones, y funcionan con Wi-Fi).

Por eso, los límites no son tan eficaces como la conexión. En otras palabras, discutir los peligros de las redes sociales con sus hijos es mucho más importante que limitarlas. Eso no significa que usted no deba establecer límites. Pero, como mencioné antes, *las reglas no educarán a sus hijos*. Debe enseñarles cómo tomar decisiones ellos mismos con discernimiento.

Una de las mejores formas de limitar el uso de las redes sociales es hacer lo que escribí en el capítulo 4: mantener los dispositivos de sus hijos fuera de sus habitaciones por la noche. Estas prácticas y otros hábitos familiares en relación a internet, como «sin tecnología en la mesa» o ver las redes sociales juntos en familia, evitan que los niños se aíslen en sus habitaciones durante horas, a veces a niveles poco saludables. (Hablaremos más acerca de esto en el próximo capítulo, en relación al tiempo frente a las pantallas).

También puede seguir los pasos que mencioné en el capítulo 2:

- Organice una reunión familiar.
- Aborde un tema y solicite la opinión de sus hijos al respecto.
- Practique la empatía, poniéndose en su lugar y escuchando sus puntos de vista y sentimientos.
- Pregunte a sus hijos qué les parece mejor y cómo resolverían el problema.
- Retrase la corrección y la toma de decisiones. En realidad, aléjese. Deje que sus hijos sepan que necesita tiempo para pensar y orar acerca de su decisión.

- Cuando termine de leer este libro, establezca un momento para que la familia debata acerca de lo que han leído y decidan juntos cuáles son los límites justos y útiles de las redes sociales.

4. Busque actividades divertidas para hacer sin tecnología

Acabo de sugerirle limitar las redes sociales. Como padres, a veces nos sentimos atrapados al indicarles a nuestros hijos lo que *no* deben hacer y nos olvidamos de enseñarles qué pueden hacer. Así que si usted se pasa todo el tiempo regañándolo: «Oye, ¡sal de YouTube!» o «¿Cuánto tiempo llevas hoy en las redes sociales?», intente cambiar el enfoque. Reafirme las actividades positivas y sea proactivo, proponiéndoles realizar juntos actividades sin pantalla.

Durante la pandemia global del COVID-19, muchas familias estaban juntas y experimentaron una sobrecarga de pantallas, ya que no podían ir a ningún lugar. Así que muchos fueron creativos: hicieron una fogata en el patio trasero y asaron malvaviscos, armaron rompecabezas juntos y hasta salieron a pasear o realizar caminatas en familia.

A veces las actividades más simples pueden unir a las familias.

En mi casa, cada vez que mi esposa comenzaba a hacer masa para galletas, anunciaba literalmente: «¡Estoy amasando galletas!» Era gracioso ver cómo los niños comenzaban a asomar la cabeza fuera de sus habitaciones como perritos, bueno… como perritos de dos patas. En cinco minutos toda la familia se reunía alrededor del cuenco para tomar puñados de masa de galleta. (Sí, asumíamos el riesgo de contraer salmonella en nuestra casa). Pero, ¿adivine qué? Cuando los niños tenían masa en las manos sus teléfonos desaparecían. En nuestra casa la masa para hacer galletas era sinónimo de risas, conversaciones y darnos un festín con delicias poco saludables.

5. Recuérdeles su identidad

Otra práctica vital, que probablemente sea la más eficaz para ayudar a sus hijos a comprender los peligros de las redes sociales, es recordarles quiénes son realmente.

Es curioso, pero a veces la mejor defensa es un buen ataque.

Mencioné un principio importante en el paso 4, y voy a repetirlo: Como padres, a veces estamos tan absortos en decirles a nuestros hijos lo que *no* deben hacer que nos olvidamos de enseñarles lo que sí *deben* hacer. De la misma manera, a veces nos enfocamos tanto en advertir a nuestros hijos acerca de las malas influencias que nunca los animamos a seguir a las buenas. El mundo está lleno de mensajes confusos acerca de quiénes somos. Asegúrese de que sus hijos estén escuchando la verdad acerca de su identidad. Porque cuando le damos el control de nuestras vidas a Cristo nuestra vieja identidad desaparece y tenemos una nueva (2 Corintios 5:17).

¿Ha hablado con sus hijos acerca de su identidad en Cristo? ¿No sería genial que los niños no solo comprendieran cuán valiosos son para Dios sino también quiénes son en Cristo?

Si sus hijos han puesto su fe en Jesús no necesitan obsesionarse con el «yo». Esa es la forma de pensar del mundo. En realidad, el «yo» ha sido «crucificado juntamente con Cristo. Ya no vivo yo, mas Cristo vive en mí» (Gálatas 2:20).

Curiosamente, cuando los niños pasan mucho tiempo conectados a los medios de entretenimiento escuchan muchos mensajes que distraen su atención con respecto a quiénes son o de dónde proviene la felicidad: de la popularidad, de tener una buena apariencia, de la gratificación instantánea. La mejor manera de contrarrestar esas mentiras es siendo proactivo y enseñándoles a sus hijos las verdades bíblicas.

Observe Colosenses 3:2-3: «Piensen en las cosas del cielo, no en las de la tierra. Pues ustedes han muerto a esta vida, y su verdadera vida está escondida con Cristo en Dios» (NTV).

Por supuesto, puede comprar devocionales con todo tipo de buenas guías de debate que ayuden a sus hijos a entender su identidad en Cristo. Pero tampoco tenga miedo de abrir la Biblia. Por ejemplo, tome algunos versículos de Salmos 119:

> «Dichosos los que van por caminos intachables, los que andan conforme a la ley del Señor. Dichosos los que obedecen sus

mandatos y de todo corazón lo buscan. Jamás hacen nada malo, sino que siguen los caminos de Dios» (Salmos 119:1-3, NVI).

Lea estos versículos en voz alta y luego hágales preguntas a sus hijos sobre lo que lee, tales como:

- ¿Qué significa *intachable*?
- ¿Cómo podemos poner esto en práctica hoy?
- ¿Qué significa andar conforme a la ley del Señor?
- ¿Cómo podemos conocer mejor la ley del Señor?
- ¿Cómo podríamos aplicarla hoy?
- ¿Por qué dice «obedecen» los mandatos del Señor y no solo «los cumplen» una sola vez? ¿Cuál es la diferencia?

Me he descargado algunas aplicaciones gratuitas excelentes de la Biblia, en las que uno puede buscar cualquier versículo, encontrar las palabras en el idioma original e incluso ver lo que eruditos como David Guzik dicen al respecto.

Cuanto más dialoguemos con nuestros hijos acerca de la verdad de Dios, mejor reconocerán las mentiras de Satanás y del mundo. Y este universo está repleto de mentiras con respecto a quiénes son nuestros hijos y quiénes deberían procurar ser.

Una de las formas más eficaces que he descubierto para ayudarlos a involucrarse en conversaciones significativas acerca de su identidad es a través de la música. A la gente joven le encanta la música, y muchas de las canciones de hoy provocan sentimientos egoístas. Podemos utilizar estas canciones para buscar lo que dice acerca de ello la Palabra de Dios.

Vuelva al 2018 y piense en la popular canción de Lauren Daigle «You Say». En ella habla de las voces que oímos en nuestra mente que nos dicen cosas tales como: «No das la talla», y mentiras que nos dicen que nunca estaremos a la altura.[56]

Canciones como estas son ideales para escuchar con nuestros hijos y debatir. Simplemente pregúnteles: «¿Alguna vez te has sentido así?»

El grupo cristiano For King & Country tiene un potente video musical de la canción «God only knows» [Solo Dios lo sabe]. Abra YouTube y mire ese video junto con sus hijos. Luego formule estas preguntas:

- ¿Qué les llama la atención al ver este video?
- ¿Conocen a alguien que se sienta como esta chica?
- ¿Alguna vez se sintieron como ella? ¿Por qué?
- ¿Cómo se acercó al final la amiga del video a ella?
- ¿Conocen a alguien así?

Involucre a sus hijos en conversaciones que les den la oportunidad de explorar el amor de Dios por ellos.

En 2020 tuve la oportunidad de liderar un grupo de familias de mi vecindario para un estudio de las palabras que dijo Jesús en las Bienaventuranzas del Sermón del Monte. Este poderoso pasaje está lleno de perspectiva. (¿Le gusta mi uso de la aliteración?). En un mundo en el que tantas personas se centran en el dinero, la apariencia y el estatus, este pasaje nos guía hacia aquello que realmente importa. Lo más significativo es que nos recuerda que disponemos de todo lo necesario cada día tan solo depositando nuestra fe en Jesús y siendo parte de su reino.

Dirigí este estudio del mismo modo que lo hice en el ejemplo anterior de Salmos 119. Leía un versículo y luego lo analizaba. Así que primero leí «Dichosos los pobres en espíritu» (Mateo 5:3).

La palabra *dichosos* significa aquí básicamente «alegría porque Dios nos ha dado todo lo que necesitamos». Usted no precisa nada de lo que el mundo le proporciona. ¿De qué forma podría cambiar este tipo de alegría la perspectiva que usted tiene?

Ser *pobre en espíritu* significa darnos cuenta de los defectos propios y ser completamente dependientes de Dios. Es humildad total delante de Dios. ¿Por qué tomar consciencia de nuestra necesidad de Él nos brinda un gozo que trasciende la comprensión?

Este pasaje es revelador.

Cuando realicé este estudio rara vez tuve que argumentar que las redes sociales son perjudiciales y que el entretenimiento está distorsionado. En su lugar, me limité a la verdad de la Palabra de Dios y los jóvenes la recibieron.

Martin Luther King Jr. afirmaba: «La oscuridad no puede expulsar la oscuridad; solo la luz puede hacerlo».

¿Mantiene estas conversaciones con sus hijos?

Preguntas para el debate

1. Mencionen algunos de los aspectos divertidos de las redes sociales.
2. ¿Cuáles son los peligros que detectan?
3. ¿Por qué creen que la investigación muestra que las redes sociales parecen afectar de forma negativa más a las niñas que a los niños?
4. ¿Por qué estar en las redes sociales afecta a las niñas más que ver videojuegos o series en Netflix?
5. Supongamos que su hijo le pide permiso para descargar una aplicación y usted le responde: «No lo sé. Vamos a revisarla juntos.» ¿A qué recursos accedería para comenzar a hablarle acerca de la aplicación?
6. Piense en formas en las que puede intentar limitar el uso de las redes sociales de sus hijos a una o dos horas al día como máximo.
7. ¿Cómo puede involucrar a sus hijos en conversaciones acerca de su identidad en Cristo esta semana?

CAPÍTULO 6

El problema del tiempo frente a las pantallas

Cómo ayudar a sus hijos a tomar decisiones sabias acerca del tiempo que pasan frente a las pantallas

NATALIE TIENE CATORCE AÑOS, y como la mayoría de sus amigos, tiene su *smartphone* desde la escuela primaria. Pero, luego de unos cuantos grandes arrebatos por la cantidad de tiempo que estaba «perdiendo» con su teléfono, sus padres le limitaron el uso de la pantalla a dos horas al día. Era «injusto y opresivo», según Natalie, pero su madre había leído un artículo al respecto.

Estaba escrito; por tanto, debía hacerse.

Los padres de Natalie no sabían realmente lo que ella estaba haciendo con su teléfono. Lo cierto es que las redes sociales son la única actividad de pantalla que parece captar su atención y distraerla de lo que de verdad es importante.

Su aplicación favorita es TikTok. También tiene Instagram y otras cuantas, pero esta es la que la distrae de hacer sus deberes. Cuando abre la app pierde la noción del tiempo. Eso es lo que ocurre cuando están en TikTok. Los niños miran una variedad sin fin de las acciones más populares en el mundo. La aplicación descubre rápidamente lo que les gusta ver y les provee un suministro ilimitado sin censura.

Los padres de Natalie nunca miran la aplicación, así que no tienen ni idea de lo que su hija está viendo. Pero de vez en cuando le recuerdan: «Solo dos horas, ¿de acuerdo?»

«Sí, mamá. No creo que esté tanto tiempo», insiste Natalie.

En realidad no pretende mentir, pero transcurre *mucho* más tiempo.

No es la única. El promedio de tiempo que los adolescentes pasan frente a una pantalla supera las siete horas al día.[57] Estos números varían en función de la edad, el género y otros factores (incluso de los ingresos familiares). Por ejemplo, los adolescentes con ingresos familiares más elevados (100.000 dólares ó más), pasan un promedio de seis horas y cuarenta y nueve minutos al día frente a la pantalla, mientras que los adolescentes con ingresos familiares inferiores (menos de $35.000 dólares), están una media de ocho horas y treinta y dos minutos al día.[58]

Esto es solo tiempo de pantalla. Ni siquiera incluye el tiempo que los niños pasan escuchando música en Spotify o iTunes. Son muchos los medios de entretenimiento.

Natalie es una buena estudiante y además es atleta, así que no se acerca al promedio de siete horas, pero fácilmente duplica su límite de tiempo frente a la pantalla, y solo en las redes sociales sobrepasa las dos horas.

Su apego a su teléfono es evidente segundos después de apagar la alarma del teléfono por la mañana. *Lo tiene junto a su cama.*

Lo primero que hace después de detener la alarma es revisar su Instagram. En primaria, todos sus amigos utilizaban Snapchat pero ahora la principal forma de conectarse con sus amigos es a través de Instagram.

Por lo general, mirará algunas de las *stories* de sus amigos, además de las de un par de famosos a los que sigue. Después, de camino a la escuela, se deslizará por su *feed* de Instagram para ver quién está haciendo qué. Ya absorbida por el celular, abrirá TikTok hasta llegar al campus.

Saludará a sus amigos, pero antes del comienzo de las clases todos siguen teniendo los teléfonos en sus manos. A veces ella y sus amigos se mostrarán una publicación divertida o un video que vieron la noche anterior. Entonces, todos responderán mensajes públicos y por privado.

Para cuando el timbre suena por primera vez, es raro que Natalie haya dedicado menos de media hora a su teléfono.

Se supone que estos deben permanecer en los bolsillos de los estudiantes durante la jornada escolar, a menos que un profesor, de forma expresa, les permita sacarlos. A dos de los profesores de Natalie no les importa que los estudiantes saquen sus teléfonos cuando han acabado la tarea. Y los niños tienden a encontrar otros momentos para utilizarlos, como cuando están en el baño o entre una clase y otra cuando no hay adultos alrededor. Por lo general, Natalie suele acumular entre veinte y treinta minutos de tiempo de pantalla durante las horas escolares. Y, con sinceridad, eso es mucho menos que la mayoría de sus amigos.

Natalie suma otros diez minutos de camino o durante el entrenamiento de fútbol. Y otros diez de camino a casa.

Para cuando llega a su casa, lo habitual es que haya alcanzado casi noventa minutos frente a la pantalla.

Antes de cenar, se ducha, se deja caer sobre su cama y mira videos de TikTok, pensando: *Apuesto a que yo podría hacer eso.* No quiere convertirse en una *influencer* a tiempo completo bajo ningún concepto. Pero sería divertido tener los seguidores suficientes para poder conseguir unos cuantos patrocinadores.

En casa de Natalie no se permiten pantallas durante la cena. Pero esta suele durar unos quince minutos, y luego todos se dispersan. Es entonces cuando Natalie mete mano a sus tareas, con su teléfono justo al lado de sus libros.

Y allí es bastante complicado monitorizar el tiempo que pasa frente a las pantallas:

Hace la tarea de matemáticas tres minutos de forma ininterrumpida.

Bzzzzzzz.

¿Quién es? Oh. Solo Kristen publicando una foto de su estúpido Frenchie.

Matemática otro minuto.

Bzzzzzzz.

Michael intentando flirtear.

Matemática otros dos minutos.

Bzzzzzzz.

Alexis publicando una queja sobre un examen injusto que puso el Sr. Reynolds. Un montón de niños están comentando. Ja. Chris Mangold es tan divertido.

Matemática otro minuto.

Bzzzzzzz.

Michael de nuevo. Otro DM hablando sobre un video, y un enlace.

Natalie mira el video de cuatro minutos. *Una chica de Atlanta lo publicó. Es una bailarina realmente buena.* Luego, arrastra el dedo para ver algunos de sus otros videos. *Son buenos.* Pasa otros veinte minutos mirando videos.

La madre de Natalie se asoma por la puerta y la ve mirando su teléfono.

«Natalie, ¿no se supone que deberías estar haciendo tus deberes?»

«Lo estoy», contesta Natalie, lanzando su teléfono a un lado y agarrando el lápiz. «Solo necesito mi teléfono para los deberes. Trabajo de grupo.»

«Bueno, no te distraigas», le aconseja su madre. «Recuerda tu límite de dos horas».

Natalie sabe que está distorsionando un poco la verdad. Pero, honestamente, no tiene ni idea de que ya ha pasado más de dos horas solo en las redes sociales. Y, cuando acaba sus deberes, suma al menos una hora en Netflix y otra en redes sociales, dependiendo de la noche. Una vez apaga la luz, a menudo se desliza por las redes sociales en su cama hasta que se duerme. Eso puede durar veinte minutos… *u horas.*

A fin de cuentas, suele dedicar de cuatro a seis horas cada día en su pantalla, muy por debajo de la media del tiempo que pasan los chicos de su edad.

¿Es demasiado?

¿Deberían los padres de Natalie hacer algo diferente?

¿Cuánto tiempo debería pasar en internet?

Casi todos los expertos están de acuerdo en que es sabio que las mamás y lo papás establezcan algunos límites útiles del tiempo que pasan sus hijos frente a las pantallas. La pregunta es: ¿Cuánto?

¿No sería estupendo que la respuesta fuera un simple número?

Dos horas de tiempo de pantallas. No más.

¿Y cómo rastrear algo tan diseminado a lo largo del día?

Tristemente, no es tan sencillo. Y, para colmo, no todo el tiempo frente a las pantallas es igual. Creo que los Estados Unidos fue testigo de ello en 2020, durante el brote del COVID-19, cuando todo el mundo estaba secuestrado en sus casas. Sin contacto con nadie *(excepto a través de sus pantallas)*. Incluso quienes estaban en contra de utilizar pantallas se dieron cuenta de que si las prohibían estarían alejando a sus hijos del aprendizaje a distancia y de la conexión social. Todo el tiempo frente a las pantallas no es igual.

Tiene sentido. La llamada de Zoom de tu hija a su prima no debería agruparse en la misma categoría que deslizarse por su *feed* de Instagram. Estamos hablando de dos actividades de pantalla diferentes. De hecho, la mayoría de los expertos en realidad *recomendaría* usar pantallas para involucrarse en conversaciones con la familia extensa. Y sí, como leímos en el capítulo anterior, la mayoría de expertos prestaría gran atención a cualquier chica joven que pasara más de dos horas al día en las redes sociales.

El tiempo frente a las pantallas varía.

A mi sobrino le encanta YouTube. A veces solo ve videos tontos. Pero en otras ocasiones aprende nuevas habilidades siguiendo a guitarristas talentosos. (Está mejorando muchísimo). Su padre no quiere limitar el tiempo que pasa en YouTube para aprender a tocar la guitarra. Pero, ¿ver videos tontos sin fin? Ambos están en YouTube. ¿Cómo establecer controles parentales para ello?

¿Cómo se hace para que los padres den directivas acerca de eso? ¿Deberían preocuparse por las actividades de pantalla, como jugar a videojuegos o mirar videos?

Honestamente… ¡Es demasiado trabajo para hacer un seguimiento!

La buena noticia es que los doctores son casi unánimes en limitar el tiempo frente a las pantallas de los niños pequeños. La investigación es bastante clara. Con respecto a los adolescentes aún existe cierto debate pero, como indico en el último capítulo, investigadores de puntos de vista opuestos llegaron recientemente a un consenso en que demasiado tiempo en las redes sociales tiene un efecto negativo en la salud mental de nuestros hijos.

Veamos algunas recomendaciones útiles en cuanto al tiempo frente a las pantallas. (Luego ofreceré unos cuantos consejos para aplicarlos en tu casa).

Límite de pantallas para niños pequeños: Desde el nacimiento hasta los 5 años

Las recomendaciones del tiempo frente a las pantallas para los niños pequeños son bastante claras. Es tan simple como esto:

- No debería haber ningún tiempo frente a las pantallas para niños menores de dos años.
- Para los niños de dos a cinco años, limite el tiempo de pantalla a tan solo una o dos horas al día con programación de alta calidad. (La Academia Estadounidense de Pediatras recomienda en realidad una sola hora al día[59]).

Lo sé, lo sé. Si tuviera hijos menores de cinco años es probable que ahora mismo le estaría gritando a este libro: «¿Te das cuenta de lo difícil que es criar a uno de dos años y a otro de cuatro?»

Está bien. Gríteme a mí. Puedo soportarlo. (En realidad no puedo. Soy algo débil. Demasiado sensible. Pero no me importa si usted se queja de mi libro.)

Cuando mis tres hijos tenían uno, tres y cinco años yo los cuidaba por las mañanas mientras mi esposa Lori estaba en el trabajo. Y muchas mañanas al llegar las diez en punto ¡ya estaba casi agotado! (Ya le confesé que soy débil). Pero sabía que si ponía la película de

Aladino (una de las favoritas de mi hijo), contaba con una hora y veintiséis minutos de paz y tranquilidad (es cuando empiezan a salir los créditos). Incluso mi hija de un año se sentaba en su silla y se quedaba en trance frente a la pantalla. (Lo estoy admitiendo. Ponía a mi bebé delante de una pantalla). Seré completamente sincero: ¡Era maravilloso! Valoraba esos noventa minutos.

¡Nada captaba más la atención de mis hijos que *Aladino*!

Y ahora oigo a padres contarme historias parecidas.

«Si no le doy mi teléfono a mi hijo en el auto se pone como un loco».

«Si limito el tiempo de videojuego de mi hijo se comporta como un monstruo».

No quiero ser el malo, y tampoco salir por la tangente con respecto a consentir o incluso permitir lo que hacen sus hijos, pero le aconsejaré esto: No permita muy pronto que sus hijos estén frente a las pantallas. Máximo una o dos horas.

Usted es el padre. Está bien decir que no.

Permítame añadir que la mayoría de los comportamientos de los niños que exigen pantallas se enseñan, no se heredan. En otras palabras, si no les hubiéramos dado nuestros teléfonos a nuestros hijos en el auto en primera instancia no habrían adquirido el hábito de mirar videos por el camino, y no tendríamos que lidiar con berrinche alguno al negarles de repente ese privilegio.

No mate al mensajero. Es un hecho que la Academia Estadounidense de Pediatras haya recomendado límites de pantalla estrictos durante años, y hayan realizado una investigación para respaldarla.[60] La conexión cara a cara con los bebés y los niños pequeños es muy superior. Y si usted permite a sus hijos de dos a cinco años ver cualquier programa, los expertos recomiendan que los acompañe para poder comentarlo con ellos y ayudarlos a aplicarlo en la vida real.

«¿Ves lo que está haciendo Sarah Connor? Está entrenando a su hijo para escapar del malvado Terminator y que pueda salvar a la raza humana. Tú puedes hacer lo mismo con los abusones en el jardín de infantes.» (Bueno, quizás no esa película).

Así que no suelte sin más a sus hijos delante de la tele y se vaya a dormir una siesta. Mire con ellos sus programas favoritos y, cuando terminen, ¡juegue con ellos! Corra hacia su bebé y dígale con su mejor voz de Grover: «Cerca». Hágale cosquillas, luego aléjese y dígale: «Lejos».

Interactuar con nuestros hijos es crucial. La mayoría de los estudios revelan que «el tiempo de pantalla pasivo no debería reemplazar la lectura, el juego o la resolución de problemas».[61]

En resumen, mantenga las pantallas apagadas tan a menudo como le sea posible cuando sus hijos sean pequeños, en especial en las primeras horas. La investigación demuestra que «incluso los bebés expuestos a las pantallas por la noche muestran un tiempo de sueño nocturno menor que los que no lo están».[62]

Una pantalla podría parecer una gran niñera porque la televisión hace felices a nuestros hijos por un momento. Pero también lo hace un pastel y un helado para desayunar.

Así que sea proactivo y cree zonas seguras en las que sus hijos puedan jugar sin estructura. Tenga juguetes que les permitan ser creativos y activos. Y mezcle actividades estructuradas en las que pueda interactuar con ellos en lo que están haciendo. Pasee con ellos y hable acerca de lo que ven a su alrededor. Llévelos a un parque o a un lugar de juegos en el que puedan jugar con otros niños de su edad. Y si su ubicación lo permite, prepare una zona segura en el jardín donde puedan jugar al aire libre.

Recuerdo cuando mi hijo de cinco años se ponía inquieto y me daba a entender «no hay nada para hacer». Era entonces cuando yo solía decir: «Está bien, hora de salir».

Se calzaba sus pequeñas botas de goma, iba hacia el jardín y jugaba. Siempre se enfadaba un poco al principio pero, por lo general, en unos tres o cinco minutos lo veía caminando alrededor con un palo, apuñalando dragones imaginarios, y construyendo una fortaleza de cajas y tumbonas.

Y si yo me comportaba como un padre realmente bueno, salía afuera con él después de un rato y le preguntaba: «¿Puedo jugar yo también?»

Sí, eso requiere un poco más de trabajo.
La buena crianza siempre es así.

Límites del tiempo frente a las pantallas para preadolescentes: Edades de seis a once

Aquí es donde los límites del tiempo frente a las pantallas se vuelven un poco confusos. Conforme los niños crecen y maduren, comenzará a oír a los investigadores que estudian los efectos de las pantallas en los niños decir: «No todos los niños son iguales» y «No existe un enfoque único que se pueda aplicar a todos».

Pero me parece interesante observar los ámbitos en los que la mayoría de investigadores coinciden.

Los estudios varían en sus conclusiones respecto a cuánto tiempo de videojuegos es demasiado o cuánta televisión deberían ver los niños. Pero la mayoría de los estudios con respecto a los preadolescentes concuerdan en las siguientes directrices:

- No permita que los niños menores de trece años tengan redes sociales. Sí, aunque algunos desarrolladores de aplicaciones hayan creado aplicaciones especiales de redes sociales para ellos, no permita que sus hijos las usen. (Si se está preguntando por qué, lo animo a volver a leer el capítulo anterior).
- Establezca controles parentales para que los niños no puedan descargar aplicaciones o acceder a la web sin introducir la contraseña de mamá o papá.
- Apague la función de chat o de *live-play* para videojuegos que permitan a sus hijos conectarse con otras personas *online*. Su pequeño de ocho o diez años no necesita estar chateando con un extraño en su sistema de juego. (En el próximo capítulo hablaremos acerca de cómo enseñar a nuestros hijos a reconocer comportamientos depredadores. Pero no coloque a sus hijos preadolescentes en una posición en la que tengan que hacerlo). Incluso si controla quiénes se conectan con sus hijos no puede

verificar a quiénes permiten estos «amigos» jugar con ellos. Si al pequeño Christopher solo le permiten conectarse con su primo, pero a su primo le permiten conectarse con cualquiera que esté en línea, Christopher estará expuesto a cualquiera a quien su primo permita entrar en la «sala».

- Apague las pantallas y aléjelas durante las comidas. Sí, las de mamá y papá también.
- Cree zonas sin tecnología, tales como las habitaciones y la mesa de la comida.
- Evite las pantallas una hora antes de que se vayan a la cama. (Vuelva a leer el capítulo 4 si quiere saber por qué).
- Apague los televisores cuando no se estén usando. Sí, incluso las noticias.
- Evite utilizar multimedia para calmar a sus hijos.
- Asegúrese de que sus hijos están cerca cuando estén viendo pantallas, no lejos en una habitación por su cuenta.
- Pregúnteles a sus hijos con regularidad qué están mirando y con qué juegos o aplicaciones están jugando. Dialogue con ellos acerca de lo que están viendo.
- Mire la programación con ellos y debata acerca de lo que ven, en especial sobre los anuncios publicitarios. Use esas conversaciones como oportunidades para educar a sus hijos acerca de los anuncios que están viendo.

No, ninguna de esas pautas habla de *cuántas horas.* Eso es porque nadie se pone de acuerdo en un número de horas específico de tiempo de pantalla «saludable» para los preadolescentes. Pero creo que descubrirá que si se ciñes a las recomendaciones en las que los expertos coinciden, no permitirá mucho tiempo de pantalla.

Por ejemplo, observe la pauta «Asegúrese de que sus hijos están cerca cuando estén viendo las pantallas, no lejos en una habitación por su cuenta». Solo esta directriz lo ayudará de verdad a filtrar tanto la calidad como la cantidad de tiempo frente a las pantallas. Si el pequeño Madison de ocho años está dando vueltas por los canales y aterriza en *Pulp Fiction,* mamá oirá a Samuel L. Jackson gritar y cambiará de canal.

Esa es una de las razones por las que yo no permitía los auriculares en mi casa. Quería oír lo que mis hijos estaban escuchando. De hecho, conforme fueron creciendo, les compré a cada uno de ellos un bonito altavoz para sus teléfonos para que pudieran escuchar música a gran volumen en sus habitaciones.

Algunos de mis amigos me preguntaban: «Jonathan, ¿por qué les compraste a tus hijos altavoces potentes? ¿Luego no tendrás que pedirles constantemente que bajen la música?»

Siempre les respondía: «Porque consideré esta alternativa mejor que la de que escucharan *quién sabe qué* con sus auriculares. Los altavoces proporcionan cierta responsabilidad mientras son jóvenes.»

Para aquellos de ustedes que aún se estén preguntando: «Jonathan, si los expertos no se ponen de acuerdo en cuanto a los límites específicos de tiempo frente a las pantallas, ¿cuántas horas debería permitir que mi hijo de diez años se tumbe en el sofá jugando a videojuegos?»

Personalmente, creo que el tiempo de juego en las pantallas para este grupo de edad debería limitarse a solo una o dos horas al día, dependiendo del niño y de su edad. Y podría hacer algunas excepciones; por ejemplo, cuando mamá o papá juegue con sus hijos preadolescentes.

A algunos niños ni siquiera les gustan los videojuegos y preferirían sentarse a ver la tele todo el día. Ellos podrían necesitar límites de tiempo frente a la pantalla de la televisión. Digo *necesitar* porque si no limita el tiempo de pantalla comenzará a ver las consecuencias. Por ejemplo, según la Clínica Mayo, «la mucha o la poca calidad de tiempo frente a las pantallas» se asocia con lo siguiente:

- La obesidad.
- Los horarios irregulares y un tiempo más breve de sueño.
- Problemas de conducta.
- Pérdida de las habilidades sociales.
- Violencia.
- Menos tiempo para jugar.[63]

Eso significa que necesitará encontrar algunos límites útiles de tiempo frente a las pantallas que se adapten a cada uno de sus hijos en su entorno. Durante el verano, podría dejarles que dispongan de un poco de tiempo extra de pantalla recreativa. Si su hijo de nueve años es creativo y le gusta hacer pequeños videos, tal vez no deba limitar tanto ese tiempo de pantalla. Pero tan pronto como quiera comenzar a publicar esos videos en YouTube es preciso que usted se involucres más, porque YouTube es oficialmente una red social para personas de más de trece años. (Los niños menores de trece deberían utilizar YouTube Kids, pero no muchos lo hacen). Cuando uno de sus hijos publica contenido para que otros lo vean, pongan «me gusta» y comenten, entra en una categoría completamente diferente de tiempo frente a la pantalla, y la investigación sobre esto se está volviendo cristalina: Debe monitorearlo y limitarlo estrictamente.

Esto nos lleva al mundo de los adolescentes.

Límites frente a las pantallas para los adolescentes: De doce a diecinueve

La razón por la que comienzo aquí por la edad de doce en lugar de trece es porque es a los doce cuando muchos niños comienzan la escuela secundaria, y ese es un gran año de transición.

Los límites de pantalla para los adolescentes son similares a los que se les ponen a los niños de seis a once años ya que no existe consenso alguno entre los expertos en un número concreto de horas. Esto se vuelve más difícil con los adolescentes porque es más probable que lleven encima una pantalla casi cada hora del día.

¿Quién es capaz de rastrear eso?

Es aquí cuando le recordaré una vez más: *Las reglas no educan a sus hijos.* No *tiene* que rastrear el tiempo de pantalla que ellos utilizan. Ni la Biblia, ni las revistas médicas actuales dictan que espíe a sus hijos y controle cada uno de sus movimientos. De hecho, tanto la Biblia como las revistas médicas actuales recomiendan otro método: hable con sus hijos sobre este tema… *¡y mucho!*

No me malinterprete. No estoy recomendando no limitar las pantallas. En realidad estoy intentando aliviarlo un poco. No tiene que monitorear a sus hijos 24/7. Es mucho mejor hacer lo que hemos estado comentando a lo largo de este libro: En primer lugar, involucrar a sus hijos en conversaciones en donde se habla acerca de ser sabios en el uso de las pantallas; a continuación, establezca barreras razonables que les permitan mantenerse en el camino correcto.

Entonces, ¿cuáles son algunos límites razonables y amorosos para los adolescentes? Considerando aquello en lo que la mayoría de los expertos concuerdan, estas son mis recomendaciones:

- No permita dispositivos en la habitación por la noche. Punto.
- Que apaguen las pantallas una hora antes de dormir.
- No permita que tengan redes sociales hasta los trece años. Lo dice la ley. (Como ya ha leído en los capítulos anteriores).
- No le dé a sus hijos su primer *smartphone* hasta que estén en la escuela secundaria y hayan leído y debatido un libro acerca de cómo ser sabios con respecto al uso de las pantallas.
- Limite el hecho de que naveguen en las redes sociales a solo una o dos horas al día, especialmente las niñas.
- Establezca la configuración por defecto a *privado* en las redes sociales. Sí, aún si su hijo quiere llegar a ser un *influencer*. Pero podría considerar permitirle a los de dieciséis o diecisiete años tener libertad en este ámbito para que puedan aprender a reconocer comportamientos depredadores y navegar en este peligroso paisaje antes de que se lancen por su cuenta.
- Si se da cuenta de que otras actividades frente a las pantallas están perjudicando las relaciones de tus hijos, sus notas o sus actividades deportivas, establezca algunos límites razonables que los ayuden a mantener un equilibrio saludable.
- Apague las pantallas y aléjelas durante las comidas. Sí, las de mamá y papá también.
- Cree zonas sin tecnología, como los dormitorios, la mesa de comer, e incluso que haya zonas para la lectura.

Es cierto que no se ve mucho sobre límites específicos del tiempo frente a las pantallas en esta lista, aparte de «Fuera pantallas una hora antes de dormir» y «Limite las redes sociales a solo una o dos horas al día». Esto es porque muchos de esos límites amorosos dependen de los niños, de sus edades exactas y de su nivel de madurez.

Pero no subestime la especificidad de estas recomendaciones porque, aunque parezcan vagas, la simple norma «Ningún dispositivo en la habitación por la noche» evitará probablemente que la mayoría de los niños pasen horas y horas en sus pantallas a diario.

Imagine a Natalie, la niña de catorce años que mencioné al principio del capítulo, que promediaba entre cuatro y seis horas al día de tiempo frente a las pantallas, a pesar de que los padres le decían: «Solo dos horas».

¿Cómo habrían ayudado a los padres de Natalie los límites de pantalla que acabo de enumerar?

1. Si ellos hubieran esperado hasta que ella estuviera en la escuela secundaria para darle un dispositivo, habría sido más madura y menos vulnerable a muchas de las distracciones y peligros que los teléfonos celulares presentan. Además, no habría tenido que mentir acerca de su edad para navegar por las redes sociales o aprender de inmediato que las reglas son «estúpidas» y fáciles de evadir.
2. Habría estado más preparada para tomar decisiones con discernimiento si sus padres hubieran dialogado con ella acerca de cómo ser sabia con respecto a las pantallas. Pero los padres de Natalie nunca hicieron eso. Tan solo le «arrojaron las llaves». ¿Dónde se supone que debería haber aprendido ella estos principios? ¿En Netflix? ¿Cómo aprenderán los niños a tener este tipo de discernimiento si los padres nunca hablan de ello?
3. Natalie habría acumulado mucho menos tiempo de pantalla si sus padres le hubieran quitado su teléfono cada noche, una hora antes de dormir. Pero se le dio rienda suelta y ella se

quedó a menudo hasta altas horas de la noche con su celular, lo que hizo que estuviera más cansada, irritable e incluso actuara impulsivamente durante el día. Esto provocó que tomara peores decisiones aún con respecto a su dispositivo.

4. Si la mamá de Natalie hubiera establecido límites reales de tiempo frente a las pantallas, utilizando las redes sociales (algo que posibilitan los controles parentales), le hubiera proporcionado a su hija más responsabilidad con respecto a todo el tiempo que acumula en Instagram, YouTube y TikTok. Además, hubiera logrado que ella sea más consciente del tiempo que en realidad está pasando en las redes sociales. Por supuesto, Natalie podría haberse colado con el tiempo en las redes sociales utilizando otros dispositivos y otros usuarios (como hacen muchos niños) pero, con suerte, todas sus conversaciones con mamá y papá sobre los efectos de las redes sociales tendrían un impacto, y ella habría aprendido a tomar decisiones sensatas por su cuenta sobre el tiempo frente a las pantallas. ¿No es eso lo que todo padre quiere?

¿Cómo aprenderán los niños a tener este tipo de discernimiento si los padres nunca hablan de ello?

5. Si los padres de Natalie hubieran creado zonas sin tecnología en casa, considerado la cena como algo sagrado, y hubieran sido proactivos en pasar tiempo juntos en familia, eso la hubiera ayudado a valorar aún más las relaciones cara a cara en su vida, y a darse cuenta de que las personas que están en la sala son más importantes que las de afuera.
6. Lo más importante: Todos estos límites amorosos hubieran minimizado el número de horas que Natalie estaba sujeta cada día al entorno presurizado de las redes sociales que le envían mensajes falsos, como: «No eres lo suficientemente guapa», «No tienes suficientes seguidores», «Tal vez si actuaras de forma un poco más sexy obtendrías más *likes*».

Si Natalie es como la mayoría de chicas jóvenes de hoy, las horas que dedica a sus actividades de pantalla favoritas están causando graves efectos en su salud mental.

Y he aquí el elemento alarmante de todo esto: En realidad, Natalie está por encima de la curva en comparación con la mayoría de chicas de su edad. Ella pasa menos tiempo frente a las pantallas y participa de deportes que se traducen en más de una hora de actividad física al día.

No subestime el impacto positivo que la actividad puede tener sobre sus hijos.

Un grupo de investigadores llevó a cabo un estudio con más de 4.200 adolescentes de entre doce a dieciséis años para ver cómo sus actividades diarias afectaban a cómo se veían ellos mismos. Los resultados fueron fascinantes.[64]

Los de doce, catorce y dieciséis años llevaban puestos acelerómetros para que los investigadores pudieran seguir sus movimientos. «El estudio demostró que cada hora extra de actividad diaria los ayudaba a disminuir los síntomas depresivos de 7,8 a 11,1 %, dependiendo de la edad del niño». De hecho, los síntomas de depresión aumentaron casi en los mismos porcentajes «por cada hora extra de comportamiento sedentario» que los niños registraron. Sentarse y quedarse mirando fijamente las pantallas no los ayuda. «Los adolescentes con mayor cantidad de inactividad durante sus años de adolescencia obtuvieron puntuaciones de depresión superiores al 28 por ciento más que los demás niños».[65]

El tiempo de pantalla importa. Por lo tanto, ¿cómo deben ser los límites amorosos en su hogar?

Aplicar límites amorosos acerca del tiempo frente a las pantallas en el hogar

¿Cómo puede aplicar estas recomendaciones para las pantallas de sus hijos?

En primer lugar, involúcrelos en conversaciones acerca de cómo podrían ser los límites saludables. No imponga la ley porque sí nomás.

Debata con ellos el por qué subyacente a esos límites. Practique incluso lo que ha aprendido en este libro acerca de crear un clima de conversación relajada con respecto a estos asuntos:

1. Cuando lea algo en este libro que despierte su interés coméntelo en una reunión familiar. Rompa el hielo con una pregunta divertida. Por ejemplo: «Si pudieras tener una segunda oportunidad en cualquiera de los momentos de tu vida, ¿qué volverías a hacer?»
2. Saque el tema del que le gustaría hablar leyendo un párrafo o un estudio digno de atención. A continuación, solicite la opinión de sus hijos. Escuche; no sermonee. Solo formule preguntas, como:
   - ¿Por qué crees que la mayoría de los expertos recomiendan limitar a los adolescentes el tiempo en las redes sociales?
   - ¿Qué límites de pantalla piensas que serían útiles para la mayoría de los adolescentes?
3. Practique la empatía poniéndose en el lugar de sus hijos y tratando de entender sus puntos de vista y sentimientos. No critique sus respuestas; solo escuche.
4. Pregunte a sus hijos: «¿Qué les parece mejor? ¿Cómo resolverían este asunto?» O, en este caso, puede preguntar: «¿Qué límites de tiempo frente a las pantallas serían más útiles para ustedes?»
5. Retrase la corrección o la toma de decisiones. En realidad, aléjese. No se apresure por establecer barreras o por imponer una decisión en ese mismo momento. Dígales a sus hijos que necesita algo de tiempo para pensar y orar sobre la situación.

Cuando termine de leer el libro, añada este paso:

6. Establezca un momento para hablar acerca de lo que ha leído y tomar algunas decisiones. Notifíqueselo a sus hijos con antelación. Podría comentar: «Este jueves saldremos a comer una

pizza y hablaremos acerca de cómo podemos ser sabios con respecto a las pantallas».

Cuando se involucre en estos debates con sus hijos preste atención a sus edades, *porque la edad y la madurez importan.*

Sin reglas en la edad adulta

Si se fija en los límites de pantalla recomendados en este capítulo, verá un principio que se aplica a toda la crianza: comience de forma estricta, y vaya dando mayor libertad a medida que sus hijos maduren.

Cuando estaba realizando la investigación para mi libro *If I Had a Parenting Do-Over* [Si tuviera una segunda oportunidad para su crianza], formulé a centenares de padres una simple pregunta: «Si pudiera volver atrás en el tiempo y cambiar una práctica de crianza, ¿qué cambiaría?»

- Me impactó cuántos padres respondían lo mismo que yo: «Desearía no haber sido tan estricto con mi hijo adolescente». La respuesta venía de muchas formas:
- «Desearía no haber tomado tantas decisiones por mis hijos adolescentes, porque así no los ayude a tomar decisiones por ellos mismos».

«Aguanté demasiado tiempo. Traté de salvar a mis hijos adolescentes del dolor y a la larga terminé hiriéndolos.»

Si observa las pautas de este capítulo, son superestrictas con los hijos pequeños: Ningún tiempo de pantalla para niños menores de dos años. Luego los límites de tiempo frente a las pantallas se encienden a partir de los dos años: una o dos horas al día. Para los preadolescentes el tiempo varía, pero los demás límites ayudan a los padres a filtrar la calidad y la cantidad del tiempo frente a las pantallas. Y, finalmente, cuando los niños entran en la adolescencia, comienza a pensar mucho más cómo ayudarlos a que aprendan ellos mimos a tomar decisiones en cuanto al tiempo frente a las pantallas.

Recuerdo cuando mi hija mayor estaba en la escuela primaria y un día se estaba quejando por una de mis normas.

«¡Papá, todos mis amigos pueden escuchar esta música!»

Entonces le dije: «Es posible que ahora pienses que soy estricto, pero todos tus amigos estarán celosos de ti cuando seas adulta, porque no tendrás ninguna norma en absoluto».

Mi hija permaneció en silencio durante diez segundos. Luego se giró y dijo: «Ah, está bien». No hizo ni una pregunta más.

Y mantuve mi palabra. Fui muy estricto con mis hijas durante la primaria, pero cuando entraron a la escuela secundaria tuvieron más libertad, hasta que terminaron sin normas cuando fueron adultas.

Sí, *sin normas.*

Esa es la cuestión. Muchos de nosotros fijamos reglas hasta que nuestros hijos se van de casa. Entonces, ¡puf!, como por arte de magia son completamente libres para hacer lo que quieran. Lo más probable es que sus hijos no lo llamen desde su residencia de estudiantes y le pregunten si pueden ver un nuevo programa de HBO que su compañero de habitación está viendo. Tomarán esa decisión por su cuenta, y la única pregunta que puede hacerse ahora mismo es: «¿Los estoy preparando para ese día?»

Dejé que mis hijas vivieran sin normas un año antes de que fueran a la universidad. Eso incluía total libertad con sus pantallas. Escogían lo que descargaban. Decidían cuánto tiempo de pantalla era suficiente. Sabía que tomarían esas decisiones por ellas mismas en la universidad, así que ¿por qué no practicar durante su último año de escuela secundaria?

Sin normas no significaba que podían faltar el respeto a nuestra familia ni fumar marihuana en el salón. De hecho, nada cambió mucho.

Recuerdo que mi hija Ashley me preguntó: «Papá, ¿puedo quedarme a dormir en casa de Rosie?»

Me reí y contesté: «No lo sé. ¿Qué piensas que deberías hacer?»

Inevitablemente respondió: «Oh, es verdad. Sin reglas.»

Y entonces ella comenzó a hacer algo muy interesante. Me pedía consejo. «Papá, ¿qué harías si tus amigos pusieran una película inadecuada y tú no quisieras levantarte, salir y hacer una escena?»

Es allí cuando por fin aprendí a resistirme al deseo de sermonear, o incluso de poner límites, para, en cambio, *escuchar*. Tan solo me estaba preguntando: «¿Cuál crees que sería un buen modo de gestionar esto?»

Los límites no crían a los hijos. Los límites no les enseñarán a tomar buenas decisiones.

Cuando mis hijas ya eran mayores hablamos mucho más de entrenamiento que de establecer límites.

Los límites no crían a los hijos. Los límites no les enseñarán a tomar buenas decisiones. Tan solo ayudarán a que se mantengan alejados de algunas distracciones molestas. Depende de usted involucrar a sus hijos en conversaciones acerca de cómo deberían ser los límites saludables. Y le compete a usted ser ejemplo de esos límites en su propia vida.

Permítame repetir esa última frase para que no se nos pase por alto: *Le compete a usted ser ejemplo de esos límites en su propia vida.*

¿Tiene zonas sin tecnología para usted?

¿Pasa demasiado tiempo navegando en las redes sociales o haciendo maratones de Netflix?

¿Se ha sorprendido mirando su teléfono cuando realizaba una salida con su familia (incluso tal vez ellos también lo estaban haciendo)?

¿Permite que su teléfono lo mantenga despierto por la noche?

Si piensa que su propio tiempo de pantalla está bajo control, pruebe algo. Pero antes necesitará orar y pedirle a Dios que le dé un espíritu humilde, porque no quiero que este ejercicio se convierta en una lucha. De hecho, prométale a Dios que escuchará y no discutirá. Una vez que tenga una mentalidad educable, pregúntele a su cónyuge: «Cariño, ¿existe algún hábito de pantalla que te gustaría que yo cambie?» Pruebe lo mismo con sus hijos. Tal vez le sorprenda lo que le respondan.

Es extremadamente valioso para sus hijos comprobar que usted tiene ese espíritu humilde y educable. Puede enseñar lo que *sabe,* pero solo puede reproducir lo que *es.*

Preguntas para el debate

1. ¿Dónde acumulan sus hijos la mayor parte del tiempo frente a las pantallas?
2. Jonathan enumeró varias recomendaciones en cuanto a las pantallas en las que los expertos parecen coincidir. ¿Cuáles de estas son las más difíciles de ejecutar para usted y por qué?
3. ¿Es realista la pauta «Asegúrese de que sus hijos están cerca cuando estén mirando las pantallas»? ¿Cómo lo ayudaría esto?
4. ¿Cuáles de estos límites de pantalla sabe que debería aplicar en su casa? ¿Por qué?
5. ¿Con cuáles de estos límites podría necesitar ser un ejemplo en el uso de su propio dispositivo?
6. ¿Qué piensa de la pauta de «el último año sin reglas», de Jonathan?
7. ¿Cómo podría involucrar a sus hijos esta semana en conversaciones acerca de cómo deberían ser los límites saludables de pantalla?

CAPÍTULO 7

«Te veo»

Cómo enseñar a sus hijos a reconocer las conductas depredadoras y a las personas inquietantes

EMMA CONOCIÓ A JAYDEN EN INSTAGRAM. Bueno, «conoció» es mucho decir porque nunca lo conoció cara a cara. Pero para la *generación de las pantallas* conocerse *online* es «conocerse».

Jayden era uno de los seguidores de Emma; le había dado «like» a varias de sus fotos, y finalmente comentó cuando publicó una nueva foto de su perro, Jake.

> **Jayden:** No sabía que tenías un perro galés. Yo tengo un pembroke de 4 años llamado Olaf.
>
> **Emma:** Dios mío. Un nombre adorable. Envíame una foto.

Y comenzaron a enviarse mensajes por privado el uno al otro. Jayden era novato en la escuela a la que Emma asistiría con el tiempo. Ella tenía doce años.

Los mensajes privados condujeron a los de texto, y pronto los dos se escribían cada noche, a veces hasta altas horas. Jayden y Emma veían los mismos programas de televisión y escuchaban la misma música. Eran una combinación perfecta. Emma estaba muy embelesada.

Y Jayden parecía «comprender» inconfundiblemente a Emma como jamás lo había hecho otro chico. La escuchaba, la animaba y le decía que era hermosa. Nunca antes ella había experimentado algo igual con los chicos del colegio. Estaban metidos en ellos mismos y en los videojuegos. Él era demasiado bueno para ser real.

En efecto, *era* demasiado bueno para ser real.

Pero Emma no se percató.

No consideró que había publicado múltiples fotos de su perro galés en su perfil, y que era evidente que era amante de estos canes. No pensó en que todas las niñas de su edad habían visto la película *Frozen* con el adorable personaje Olaf. Ciertamente no sabía que su aplicación de música favorita estaba conectada a sus redes sociales, configurada como «pública», de modo que todo el mundo tenía acceso a cada canción que ella reproducía y a cada *playlist* que había creado. Y jamás se le ocurrió pensar en las veces que había publicado innumerables historias sobre sus maratones de Netflix. («¡Comienza la temporada 9 de Grey's! ¡Espero de verdad que McSteamy esté bien!»)

Cualquiera con algo de presencia en alguna de estas aplicaciones «comprendería» a Emma en diez minutos.

Pero Jayden conocía el juego, tomaba nota de los pasatiempos favoritos de Emma, sin avanzar nunca demasiado rápido, y escribiéndole siempre las cosas correctas. Cuando ella le contaba acerca de sus frustraciones con sus padres, él empatizaba con ella de manera sistemática, valoraba sus sentimientos y la hacía sentir especial.

Jayden: Suena frustrante. Mis padres eran iguales, pero ahora vivo con mi tío Mike. Él es increíble. Confía en mí y me entiende.

Emma se acostumbró a oír el nombre del Tío Mike en los mensajes de Jayden. «El tío Mike y yo fuimos hoy al lago…». «El tío Mike y yo fuimos a tomar un helado…».

Emma: Ojalá yo tuviera a alguien así.

Jayden: Bueno, a lo mejor lo conoces algún día cuando salgamos.

Desde luego que Emma deseaba conocer a Jayden cara a cara. Tan solo esperaba el momento justo, porque sabía que sus padres no se lo permitirían.

Una noche, tras una pelea particularmente mala con sus padres, Emma le escribió a Jayden.

Emma: Veámonos esta noche.

Jayden: Claro. ¿Cómo saldrás?

Emma: Por mi ventana. Ya lo he hecho antes. Mis padres ni se darán cuenta. Son medio bobos.

Jayden: Ja. Los míos también. ¿A qué hora quieres que nos veamos?

Emma: A media noche.

Jayden: Guay. De hecho, esta noche estudiaré hasta tarde con un par de amigos para un proyecto de grupo, pero habré terminado a media noche.

Los dos decidieron encontrarse en la esquina más lejana del estacionamiento de Walmart. Público, pero privado.

A las 23:40 Emma se escabulló por su ventana.

A las 23:58 ya estaba esperando en el estacionamiento, cuando recibió un mensaje.

Jayden: Acabo de terminar mi proyecto de grupo, y ahora estoy yendo para allá. No quiero que esperes sola, así que estoy enviando al tío Mike para que te recoja. Esta es su foto.

Y ahí es cuando «Jayden» le envió una foto real de él.

Jayden era en realidad William, de cuarenta y dos años. Una rápida búsqueda en Google le confirmó que «Jayden» era el nombre del niño más popular el año en que Emma nació. William había interpretado el papel de Jayden a la perfección. Sus fotos eran todas de otro chico de la escuela secundaria al que había estado siguiendo por todo el país. Pero nada de eso importaba ahora. Porque en ese momento Emma estaba esperando al «Tío Mike». Y, por eso, no dudó en meterse en el coche cuando William se detuvo en el estacionamiento de Walmart.

Oí la historia de Emma por boca de su madre después de uno de mis talleres para padres. No todos los depredadores son adultos que se hacen pasar por niños; de hecho, la mayoría de estos incidentes son niños que se aprovechan de otros niños. Pero también existen demasiados depredadores adultos que ni siquiera sienten la necesidad de ocultar su edad, así como un porcentaje más pequeño que se hace pasar por niños, como en la situación de Emma. Todos son predadores.

No ha existido un momento más oportuno para los predadores que la actualidad.

Lo escalofriante es que oigo historias como esta casi en todos los lugares a los que voy, y más aún en los últimos años. Probablemente porque estamos viviendo en la edad dorada de los depredadores. Lo ha leído bien. No ha existido un momento más oportuno para los depredadores que la actualidad. No estoy tratando de asustarlo. Solo quiero que sea consciente de esta realidad. A lo largo de los dos últimos años, tres acontecimientos se han alineado para crear una «tormenta perfecta» para que los predadores se abalancen.

1. La autoestima de los adolescentes se encuentra en un mínimo histórico, en gran parte por culpa de las redes sociales. Y esto no es una pequeña irregularidad en los datos. En el capítulo 5 mencioné que en 2018 hubo un aumento del 84 % de chicas adolescentes que experimentaron un episodio mayor de depresión. También escribí que el suicidio entre jóvenes aumentó un 56 % entre 2007 y 2017. Los números siguen creciendo en índices sin precedentes. Los niños se sienten peor con ellos mismos, y buscan afirmación en los lugares equivocados. Y los asquerosos depredadores están preparados para llenar ese vacío.

2. Los perfiles de las redes sociales son más «públicos» que nunca. Hace dos años ya era casi de dominio público configurar tu Instagram como «privado». Intente decirles ahora a los niños que configuren sus perfiles como privados y lo mirarán como si estuviera loco. «¿Quéééé? ¡De ningún modo! Necesito más seguidores». Los niños se están haciendo vulnerables al publicar información personal para que todo el mundo la vea. Y todo por buscar más *likes* y seguidores. ¡Y eso a los depredadores les encanta!
3. La posesión de *smartphones* es más alta que nunca. Cuando estoy en las instalaciones de escuelas secundarias, e incluso primarias, veo que casi todos los niños tienen un teléfono (a pesar de que, estadísticamente, aproximadamente 9 de cada 10 lo tienen)[66], y todos participan en las redes sociales (según las estadísticas el 97 %)[67]. Este es el patio de juegos de un depredador.

Piensa en lo que eso significa para los depredadores. No tienen que conducir sus notorias furgonetas polarizadas hasta un centro comercial o un parque para encontrar a adolescentes vulnerables. Y los depredadores más audaces ni siquiera necesitan acercarse sin hacer ruido y echar un vistazo por la ventana de la habitación de una jovencita. ¿Por qué hacer esto cuando los niños publican en sus perfiles públicos fácilmente accesibles de las redes sociales todo lo que un depredador querría ver? Y los predadores pueden ver todo eso desde la privacidad de sus propias casas, caravanas… o desde el sótano de la casa de su mamá.

Algunas aplicaciones se han creado una mala reputación por tener problemas de predadores, tales como TikTok, que usa algoritmos que rastrean el tipo de videos que a los usuarios les gusta ver. Los algoritmos como estos en realidad ayudan a los pedófilos a encontrar más víctimas dirigiendo al «espeluznante tipo del sótano» hasta el contenido del que disfruta, como por ejemplo niñas pequeñas bailando.[68]

Conclusión: los depredadores aprovechan esas oportunidades mientras los padres, la policía y las compañías tecnológicas luchan por atraparlos. Por lo tanto, ¿quiénes son esos depredadores?

Tres categorías de depredadores

A continuación, les comparto las tres categorías de predadores con las que veo que los adolescentes se encuentran hoy en día, comenzando por la más común:

1. La «bolsa de herramientas» adolescente

No sé si llamaría a estos niños «depredadores», pero vale la pena resaltar que cada escuela que visito (y me refiero literalmente a cada una) tiene estudiantes que han abusado de otros estudiantes a través de sus teléfonos.

El escenario más común es cuando un chico le pide a una chica «una foto de ella desnuda». Al final ella se la envía, por lo general por Snapchat o por alguna plataforma en la que las fotos desaparecen poco después de haberlas publicado. Pero el chico hace una captura de pantalla de esta y, una semana, un mes o un año después (no importa cuándo), se la reenvía a un puñado de amigos, por no decir a toda la escuela.

Esto ocurre todo el tiempo. Y con eso no quiero decir que les pase a todos los niños. Quiero señalar que sucede en todas las escuelas. De hecho, un análisis de treinta y nueve estudiantes diferentes, con un total de más de cien mil participantes, mostró que alrededor del 15 % de los niños menores de dieciocho años enviaron «imágenes, videos y/o mensajes sexualmente explícitos» (denominados «sexts»), y el 27 por ciento los recibió. (Estos números aumentan cuando los niños crecen, sobre todo en sus últimos años de adolescencia). Para colmo, el 12 % de los participantes dijeron que reenviaron *sexts* sin consentimiento.[69]

Permítame que se lo simplifique. Alrededor de un tercio de los niños menores de dieciocho años han recibido *sexts*, y un tercio de ellos los reenviaron a otra persona. Si su hijo asiste a una pequeña escuela de cien niños de la zona, las estadísticas arrojan que veintisiete de ellos recibieron una imagen, un video o un mensaje de texto sexualmente explícito, y diez se lo reenviaron a otros.

Todo el que reenvía fotos de desnudos a un compañero de escuela es cruel, pero por lo general hay al menos uno de estos «toolbags» en cada colegio, que inicia este tipo de comportamiento sin ninguna consideración por el individuo del que está abusando. No suelo etiquetar a estos crueles adolescentes de *depredadores,* pero tengo otras dos opciones de nombre que usaría para ellos, porque los efectos colaterales siempre son dolorosos. En la mayoría de las situaciones, la niña cuya imagen fue tomada está tan avergonzada que cambia de colegio; y, en muchas ocasiones, intentará suicidarse; por lo general no nos proporciona trece razones por las que lo hace.

Visité una escuela primaria hace un mes y le pregunté al director, amigo mío: «¿Cómo va el año? ¿Algún incidente ya con los teléfonos?»

Suspiró. «Bueno, acabo de interrumpir una pelea por uno».

«¿Qué ocurrió?»

«Bueno, en realidad todo comenzó la semana pasada. Digamos que dos adolescentes fueron sorprendidos en un acto sexual en uno de los baños durante la clase, cuando otra chica los interrumpió.»

Historia real. Posiblemente no podría haber inventado ese disparate.

«Déjame adivinar», repliqué. «La otra chica tomó una foto».

«En realidad, no», explicó. «Se dio la vuelta, nerviosa, y para cuando sacó su teléfono de la mochila ya se encontraba al final del pasillo. Pero, de inmediato, describió en sus redes sociales lo que vio, y una hora después todo el colegio lo sabía.»

«¿Fueron al colegio los dos niños encontrados en el baño al día siguiente?», pregunté.

«La niña no. No creo que vuelva. Se siente demasiado humillada. Pero el chico sí, y la razón por la que acabo de detener una pelea es porque los niños siguen provocando a este joven por haber mantenido sexo con esta niña. Digamos simplemente que ella no estaba en la lista de las más lindas del colegio confeccionada por los chicos. Así que trató de solucionar el problema con sus puños.»

Hablé en otra ciudad en la que tres niñas le pidieron a un chico que les enviara un video de él desnudo. Ellas prometieron corresponderle. Este chico se grabó de inmediato completamente desnudo, y ellas reenviaron el video a toda la escuela. Jamás tuvieron la intención de devolverle el favor.

Se trataba de una escuela cristiana del Cinturón Bíblico.

Finalmente la escuela tuvo que cerrar porque los profesores ni siquiera podían mantener el orden en clase. Todo el mundo se reía y la broma escapó de todo control.

No siempre son niños que se conocen; de hecho, ahora que casi la mayoría de los adolescentes configuran sus perfiles de redes sociales como públicos, el número de adolescentes «extraños» que les piden fotos de ellos desnudos a otros adolescentes ha aumentado enormemente. No es raro en el caso de las chicas que otros adolescentes les pidan que les envíen fotos de ellas desnudas. Se volvió algo tan común que nuestra cultura afirma de manera continua que «no es para tanto». Por ejemplo, la actriz adolescente Zendaya interpretó a una adolescente, en una serie de HBO de alto contenido sexual llamada *Euphoria.* En la producción piloto, su personaje, Rue, defendía enviar desnudos, argumentando: «Lo siento. Sé que tu generación dependía de un ramo de flores y del permiso de tu padre, pero estamos en 2019, y, a menos que seas Amish, los desnudos hoy son la moneda corriente del amor. Así que deja de avergonzarnos.»[70]

Si su hijo no se siente así, la presión está servida.

Sin embargo, esta es otra de las razones por las que usted debería pulsar el botón de pausa antes de darle a su hijo de once o doce años un teléfono. No muchos me catalogarían de extremo por decir que los niños de once años no están en realidad preparados para lidiar con este tipo de acoso por parte de amigos y extraños.

Pero, tristemente, los adolescentes no son los únicos en abusar de otros adolescentes.

2. El espeluznante tipo del sótano

Este es el tipo sobre el que tu madre te advertía cuando eras niño, pero ahora tiene un dispositivo nuevito con una conexión súper rápida.

Alguno de ellos son adultos que se hacen pasar por adolescentes, como aquel que abordó a Emma, que mencioné al principio del capítulo. Pero la mayoría de los depredadores *online* suelen ocultar que son adultos.[71] Tan solo hacen lo que pueden por establecer un vínculo emocional, enredar o incluso «sextorsionar» a jóvenes para que les den lo que quieren.

Los amigos que hice en las fuerzas policiales, que trabajan en ICAC (Crímenes de Internet Contra Niños, por sus siglas en inglés), siempre me comentan que cuando atrapan a este tipo de depredadores, por lo general, mantienen conversaciones paralelas con docenas de niños al mismo tiempo, para ver con cuáles les va bien y cuáles se echan atrás al primer signo de peligro.

Un líder juvenil que conozco estaba jugando a videojuegos con su hijo. Estaban conectados con su sobrino de once años al otro lado del país y con un par de extraños. Durante el juego, uno de esos extraños estuvo haciendo comentarios inapropiados. Mi amigo dejó pasar un par de ellos porque algunas personas tienden a decir groserías mientras juegan. Pero de repente comenzó a hacer algunos comentarios sexuales. Así que mi amigo dijo: «Epa, ¿cuántos años tienes?»

El tipo desapareció del juego inmediatamente.

Muchos de esos tipos (y digo *tipos*, porque la gran mayoría de los depredadores son hombres) son verdaderamente audaces, lanzan insinuaciones sexuales y buscan una respuesta, o son expertos en acoso sexual. Todos ellos saben que los adolescentes quieren ser tenidos en cuenta, escuchados, valorados e incluso sentirse atractivos. Y cuando alguien mayor les presta atención los niños se sienten especiales y, con el tiempo, adquieren la suficiente seguridad como para mostrar más de ellos.

Pero muchos de ellos operan exactamente como dice el manual del pedófilo. Por eso es tan importante enseñarles a nuestros hijos cómo reconocer los comportamientos predadores. De hecho, en mi *Teen's Guide to Face-to-Face Connections in a Screen-to-Screen World* (Guía para las relaciones cara a cara entre adolescentes en un mundo en el que la conexión es de pantalla a pantalla), advierto a los adolescentes que busquen conductas específicas de acoso sexual. Estas son algunas de ellas:

- Los depredadores casi siempre empatizan con la forma en la que te sientes y reafirman tus sentimientos o decisiones. *«Oh, lo odio. Mis padres solían decirme eso también. Deberías escaparte.»*
- Los depredadores a menudo intentan crear una división entre tú y tu familia o amigos. *«Yo jamás te trataría así»*.
- Los depredadores a menudo hacen excesivos cumplidos o incluso envían regalos o dinero.
- Los depredadores intentan averiguar tu información personal. *«Yo también juego al voleibol. ¿En qué escuela juegas?»*
- Los depredadores introducirán cada vez más sexo en las conversaciones o te mostrarán pornografía.
- Los depredadores terminarán pidiéndote la mayoría de las veces fotos de tu cuerpo «desnudo» o que les cuentes secretos, que luego usarán para controlarte.[72]

Advierto a los adolescentes que si alguna vez observan cualquiera de estos comportamientos de acoso sexual en alguien que está en línea deberían decírselo a su madre, padre, profesor o pastor juvenil de inmediato. Incluso si no están seguros.

Algunas de estas recomendaciones parecen obvias, pero los adolescentes tienden a pensar que son invencibles. Acabo de hablar de este tema en un banquete para una gran organización de jóvenes, en el que estaba preparando a los padres para ayudar a sus hijos a reconocer estos comportamientos depredadores. El encargado de la organización me comentó más tarde: «Estoy asombrado de cuántas veces podemos advertir a los niños acerca de estas cosas, y sin embargo lo ignoran por completo. El mes pasado llevamos de viaje a cien niños y nos alojamos todas las noches en hoteles. Los supervisores adultos tenían que dormir en la puerta porque los niños seguían intentando escaparse para encontrarse con alguien que acababan de conocer *online* ese día.»

Sin embargo, en ocasiones estos predadores son más que un tipo escalofriante que quiere acostarse con un niño.

3. El traficante sexual

Los traficantes sexuales podrían tener similitudes con los individuos que acabo de describir, ya que utilizan muchas de las mismas tácticas. Pero estos depredadores han optimizado estas estrategias en un modelo de negocio.

No quiero confundirte, así que seré sincero. El blanco de la mayoría de los traficantes sexuales son niños especialmente vulnerables que están escapando de lo que ellos perciben como un entorno negativo. Todos mis amigos que trabajan con organizaciones que luchan contra el tráfico sexual opinan lo mismo: Por lo general, el blanco de los traficantes sexuales son los niños de acogida (u hogares de tránsito) que se escapan o niños con adicciones. Aquellos que se están cuestionando su identidad sexual también se encuentran en mayor riesgo, porque a menudo se sienten más seguros acudiendo a fuentes *online* y tienen miedo de contárselo a alguien en casa. Los traficantes podrían comenzar a acosarlos sexualmente del mismo modo en que lo hace el «tipo espeluznante del sótano», pero su objetivo es «sextorsionarlos» o hacer que se encuentren con ellos en algún lado.

La *sextorsión* es chantajear a un niño para que realice un favor sexual.

Por ejemplo, conocí a una enfermera cuya sobrina era una niña de acogida (hogar de tránsito). Esta joven conoció a un tipo *online* que decía ser un adolescente. Ambos se hicieron íntimos, y él no tardó en pedirle una foto de ella desnuda. Una vez que ella se la envió todo cambió. La amenazaba con enviar la foto a todos sus contactos, incluidos sus padres de acogida, a menos que saliera con él. Así que ella aceptó.

«Lo único que te ruego es que no le envíes esa foto a nadie», le suplicó.

Cuando fue a encontrarse con él, ni siquiera fue a recogerla. La llevaron a Las Vegas, donde la obligaron a prostituirse durante el fin de semana. Entonces, los traficantes utilizaron las grabaciones de video de esos encuentros para amenazarla aún más.

Traficaron con ella varias veces antes de que se lo contara por fin a sus padres de acogida. La policía la sacó de aquella casa, y la enfermera que conocí la adoptó.

La sextorsión es una «forma de abuso *online* particularmente dañina».[73] En 2016, un informe del Departamento de Justicia reveló que la mayoría de los depredadores «contactan a niñas de 10 a 17 años… mantienen conversaciones en línea con ellas para fomentar la confianza, y luego pedirles fotos sexuales que después utilizarán como [una] forma de chantaje».[74] El informe analizó cuarenta y tres casos distintos de sextorsión. Dos de las cuarenta y tres víctimas terminaron suicidándose, y otras diez lo intentaron.[75] Dejemos que esos números se asienten. Es más de una cuarta parte de las víctimas.

El contacto inicial entre un adolescente y el traficante sexual casi siempre comienza a través de un comentario o un mensaje privado en las redes sociales. Cualquier amigo o seguidor puede, por norma general, enviar mensajes privados a su hijo a menos que usted vaya de manera específica a la aplicación y desactive los mensajes directos.

Hablé en una iglesia en la que traficaron con una de las niñas de la escuela secundaria y finalmente fue rescatada. Ella respondió a una «oportunidad de ser modelo» que recibió vía Instagram. Sus padres le permitieron ir, no había ninguna agencia en la dirección. Fue secuestrada al entrar al edificio.

Meses más tarde alguien la vio en el centro, drogada y fuera de sí. Su líder juvenil, que era un loco de los deportes de aventura, fue al centro, se hizo pasar por un cliente y la rescató. (¡Deberían hacer una película de esto!)

Comparto estas historias reales cada vez que hablo en asambleas escolares, y después de mis presentaciones los niños a menudo me cuentan sus propias experiencias con extraños que les enviaron fotos de ellos desnudos o que les pidieron una cita. Lo loco de esto es que cada vez que hablo en una de estas escuelas, independientemente del tamaño del pueblo, miro la página de Instagram del colegio, pulso en «Seguidores», y empiezo a investigar los perfiles de los estudiantes. Cuando encuentro una foto de una estudiante posando en bikini o en pantalones cortos (no son difíciles de encontrar), la muestro a los administradores del colegio, y de inmediato nos deslizamos por los comentarios. Lo más común es encontrar este tipo de mensajes:

> «Te ves bien. Envíame un mensaje privado si buscas ser modelo.»
>
> «¡Qué sexy! Envíame un mensaje privado si quieres convertirte en *influencer* para nosotros.»
>
> «Preciosa. Tengo contactos si quieres ganar algún dinero extra. Envíame un mensaje privado.»

Suelo pinchar en el perfil y lo envío a mi contacto de la ICAC en California, preguntándole si alguno de esos mensajes es legítimo.

Y él me señaló: «Las agencias de modelos no leen detenidamente los perfiles de las niñas de escuela secundaria buscando nuevos clientes. Por lo general, estos son muy sospechosos. Asegúrate de que estos niños *no* se encuentren con ninguna de estas personas.»

Protegiendo a nuestros hijos de los depredadores

Entonces, ¿cómo podemos proteger a nuestros hijos de cualquiera de estos depredadores? Aquí le dejo algunas recomendaciones:

- En primer lugar, lo más importante es que contacte con sus hijos de forma regular para que se sientan amados, tenidos en cuenta y escuchados. Esto podría sonar bastante evidente, pero piense en ello por un momento: la mayoría de los niños que responden a los depredadores lo hacen porque anhelan la atención que no tienen en casa. Los predadores son maestros en escuchar y valorar los sentimientos de nuestros hijos. ¿Lo es usted?

- No se asuste. Lo sé, acaba de leer un capítulo sobre pedófilos y depredadores sexuales que tratan de secuestrar a nuestros hijos. Pero si pierde la cordura, sus vástagos pensarán: *Mamá no lo entiende.* O, tal vez: *Papá no está bien. Otra vez está entrando en pánico.* Reaccionar de forma exagerada no protege a sus hijos; en realidad los pone en mayor peligro.
- Convierta la tentación de reaccionar exageradamente en una adecuada *interacción.* Hable con sus hijos sobre el asunto con tranquilidad. No trate de asustarlos. No deben tener miedo; deben estar alertas. Guíe a sus hijos para que sean sabios con las pantallas y cuénteles historias reales sobre este tipo de situaciones, incluidos consejos que los ayuden a reconocer los comportamientos predadores.
- Hable con sus hijos sobre sus perfiles en las redes sociales. Sea «amigo» o sígalos en sus redes sociales. Esté presente en sus vidas *online.* Muchas plataformas de redes sociales dan la opción de configurar las notificaciones en nuestro teléfono cada vez que sus «amigos» publican algo. No publique ni comente nada sobre sus hijos; eso no hará más que avergonzarlos. Ni siquiera le dé «like» a cada publicación. En cambio, hable con ellos sobre sus publicaciones y enfóquese en animarlos más que en corregirlos.
- Ayude a sus hijos a modificar los ajustes de privacidad en todas sus plataformas de redes sociales, incluido el chat o los ajustes de comunicación para sus juegos. Muchas plataformas están configuradas como «públicas» por defecto. Enseñe a sus hijos cómo cambiar esos ajustes a «privado» y explíqueles por qué es tan importante no dar a los extraños acceso libre a sus fotos.
- Ayude a sus hijos a establecer los controles en sus dispositivos de juego y en sus aplicaciones para que no puedan conectarse con extraños. (Sí, los juegos de niños como *Roblox* y *Minecraft* tienen funciones de chat). Ayude a sus hijos mayores a limitar

sus charlas con extraños y a estar alertas a los comportamientos de los predadores.

- Enseñe a sus hijos a evitar publicar las ubicaciones de los lugares a los que frecuentan y a no publicar nunca fotos delante de su casa.
- Enséñeles también a tener cuidado con quién comparten información personal. Jamás deberían compartir su número de teléfono ni su dirección, ni siquiera su apellido, con alguien que acaban de conocer en línea.

Los predadores son maestros en escuchar y valorar los sentimientos de nuestros hijos. ¿Lo es usted?

- Y sí, lo repetiré de nuevo: No permita que tengan los teléfonos ni ningún otro dispositivo en la habitación. A los depredadores les encantan las conversaciones a altas horas de la noche.
- No tenga miedo de hacer inspecciones sorpresa de forma ocasional. No cada día, y probablemente tampoco cada semana. Pero, de vez en cuando, si nota que uno de sus hijos está absorto en una conversación de texto, pídale: «Muéstramela». Eso funciona mejor que advertirles que lo hará cuando le pidan por primera vez tener su propio celular. Cuando los eduque con respecto a los peligros podrá decirles con sinceridad: «Sé que podría no gustarte, pero si quieres un teléfono papá y yo tendremos acceso a él cuando queramos. Y cuanto más te ganes nuestra confianza, menos miraremos tu teléfono. De hecho, nuestro plan es ya no hacerlo más a partir de tu último año de secundaria.»
- Si descubre que sus hijos han conectado con un depredador o están involucrados en conversaciones inapropiadas, vuelvo a aconsejarle que no se vuelva loco. No les haga sentir que es culpa de ellos. Conviértase en una fuente segura a la que ellos puedan acudir si meten la pata. No, eso no significa que no los debe corregir; solo quiero decir que no los avergüence. (Hablaremos más acerca de cómo hacerlo en el capítulo 9).

Cree un clima de conversación relajada

No olvide practicar lo que ha aprendido a través de la lectura de este libro con respecto a crear un clima de conversación relajada en su hogar:

1. Cuando lea algo en este libro que despierte su interés, compártalo en una reunión familiar. Rompa el hielo con una pregunta divertida. Por ejemplo: «¿Cuál es el video más divertido que has visto *online*?» Y luego pregúnteles: «¿Qué es lo más raro que has visto *online*?»
2. Saque el tema que quiere comentar, leyéndoles un párrafo o un estudio digno de atención. Luego pregunte las opiniones de sus hijos. Escuche; no sermonee. Solo formule preguntas como...
   - ¿Cuál de los tres tipos de depredadores creen que es más común? ¿Por qué?
   - ¿Por qué crees que los adolescentes son más vulnerables a este tipo de depredadores en la actualidad?
   - ¿Por qué crees que doce de cada cuarenta y tres adolescentes se suicidaron o lo intentaron luego de ser víctimas de sextorsión?
   - ¿Cómo puede alguien evitar estos peligros?
3. Practique la empatía poniéndose en el lugar de sus hijos, y tratando de comprender sus puntos de vista y sentimientos. No critique sus respuestas; solo escúchelos.
4. Pregúnteles: «¿Qué creen que es mejor? ¿Cómo resolverían el asunto en cuestión?»
5. Retrase la corrección o la toma de decisiones. En realidad, aléjese. No se apresure por establecer límites o imponer una regla inmediatamente. Diga a sus hijos que necesita algo de tiempo para pensar y orar sobre la situación.

Cuando termine de leer este libro añada este paso:

6. Establezca un momento para hablar acerca de lo que ha leído y tomar algunas decisiones. Deles a sus hijos la noticia con

antelación. Podría decirles: «Este jueves saldremos a comer una pizza y a hablar acerca de lo que hemos aprendido sobre ser sabios con las pantallas en casa».

Más adelante veremos cómo abrir una comunicación asociada con unos cuantos controles parentales que lo ayudarán a usted y a sus hijos en este viaje.

Preguntas para el debate

1. Jonatan sugirió que se habían alineado tres acontecimientos para crear una «tormenta perfecta», y que los depredadores se abalancen: La autoestima de los adolescentes se encuentra en un mínimo histórico, los perfiles de las redes sociales son más «públicos» que nunca, y la posesión de *smartphones* es más alta que nunca. ¿Cuál de estos hechos ha notado que sucede más?
2. ¿Por qué cree que el 15 % de los adolescentes envían «desnudos» o textos sexuales (*sexts*)? ¿Cuál es el atractivo de esto? ¿Cómo podemos abrir la puerta para dialogar acerca de esto con nuestros hijos?
3. ¿Ha hablado alguna vez con sus hijos acerca de las conductas de los depredadores *online*? ¿De cuál cree que sus hijos deben estar más alerta?
4. ¿Por qué cree que el primer consejo de Jonathan para proteger a sus hijos de las conductas de los predadores es «Conectar con ellos con regularidad para que se sientan amados, tenidos en cuenta y escuchados»?
5. ¿Por qué ponernos como locos hace que en realidad nuestros hijos sean más vulnerables a los depredadores?
6. ¿Cómo puede crear esta semana un clima de conversación relajada con sus hijos acerca de los depredadores?

CAPÍTULO 8

Dónde es importante poner controles parentales

Las configuraciones que lo ayudarán a mantener a sus hijos a salvo y a bloquear las distracciones

TENGO DOS AMIGOS A LOS QUE llamaré Don y Brian. Educaban a sus hijos de formas completamente opuestas, sobre todo en relación al número de controles parentales que aplicaban a sus dispositivos.

Don permitía que sus hijos hicieran casi cualquier cosa. Don Jr. podía mirar la película o el programa que quisiera (literalmente, *cualquiera*). Podía escuchar cualquier música (y lo hacía). Podía descargar cualquier aplicación. La que se imagine los hijos de Don la tenían.

Sus hijos eran los que los demás niños mencionarían en las discusiones con sus padres: «¡Pero a Don Jr. Lo dejan hacerlo!»

Si sus hijos vieron una película inapropiada, y usted les pregunta: «¿Dónde *la* viste?», acabarían reconociendo: «La vi en la casa de Don jr.».

Los hijos de Don tuvieron celulares antes que los demás, y de inmediato se registraron en todas las plataformas populares de las redes sociales. Don no utilizaba control parental alguno.

«Tienen que aprender por ellos mismos», comentaba.

Y lo hicieron. A menudo de la forma más dura.

Brian era la antítesis de Don. Monitoreaba todo lo que sus hijos hacían. Solo podían ver películas PG, utilizando un servicio de filtrado de películas cristianas que bloqueaba cualquier palabrota y cualquier escena sensual. Solo podían escuchar música cristiana. Música manifiestamente cristiana. Si la canción era popular no era cristiana.

Los hijos de Brian ni siquiera tuvieron teléfono hasta los dieciséis, y entonces él instaló un software de monitoreo en todos sus dispositivos para poder comprobar todo lo que quisiera saber sobre las actividades *online* de sus hijos en cualquier momento.

Una vez me hizo una demostración.

«Mira», me mostró, iniciando el *software* de su celular. «Ahora mismo Brian jr. está en casa de Don jr. Lleva allí dos horas. La última aplicación que usó fue Minecraft, durante treinta minutos». Brian miró con orgullo su teléfono. «El teléfono de Brian jr. lo limita a solo treinta minutos de Minecraft al día».

(Lo que Brian no sabía era que Brian jr. y Don jr. estaban viendo HBO en ese mismo momento en la televisión de Don).

¡Brian trataba de monitorearlo *todo*! Si alguien inventara un dron que pudiera volar sobre las cabezas de sus hijos y ver cada movimiento, Brian lo tenía.

Es divertido cuando lo pienso. Casi cualquier padre que he conocido se encuentra entre Don y Brian. He conocido a muy pocos padres tan despreocupados y no intervinientes como Don. Y he conocido sargentos instructores que no podrían compararse con Brian. De hecho, si alguna vez oíste a alguien decir: «Gran Hermano te está mirando» estoy bastante seguro de que estaban hablando de Brian. Brian *es* el Gran Hermano.

Don, sin ningún control parental.

Brian, con cada control parental imaginable, incluido el software de monitoreo.

¿Y usted? ¿Dónde se encuentras en la escala del control parental en comparación con Don y Brian?

¿Cuántos controles parentales son demasiados?

La cantidad adecuada de controles parentales para nuestros hijos

Al llegar a este punto del libro, muchos de ustedes están empezando a formarse opiniones documentadas acerca de lo que podría ayudar realmente a sus hijos para ser sabios con las pantallas. Digo «documentadas» porque en los siete últimos capítulos los he llevado por un viaje en el que hemos analizado algunas de las investigaciones más actuales acerca de la salud mental y física de nuestros hijos. Han visto la sabiduría que se encuentra al enseñar a nuestros hijos a ser sabios con las pantallas *antes* de darles una por primera vez. También han visto lo sabio que es retrasar la edad en la que ellos ingresen por primera vez a las redes sociales, limitando las horas que pasan en ciertas aplicaciones, y ayudándolos a evitar algunas distracciones que las pantallas de hoy crean (tristemente, de forma un tanto gratuita).

Los controles parentales ofrecen algo de responsabilidad en estos ámbitos, mientras *no* sean un sustituto de la comunicación y la conexión con ellos.

Permítame decirlo de otro modo: Los controles parentales pueden ser bastante útiles, en realidad, cuando van acompañados de una comunicación abierta. Sorprendentemente se debilitan y se hacen menos efectivos cuando los padres confían en exceso en ellos para educar a sus hijos.

No, no estoy tratando de disuadirlo de utilizar controles parentales. Solo quiero ser claro en que estos son tan buenos como las conversaciones que los preceden.

Entonces, ¿cuántos controles deberían aplicar los padres?

No sé por qué, pero por alguna razón las mamás y los papás se ponen raros con respecto a los controles parentales. Escoger estos límites casi puede convertirse en un campo de batalla político. Todos discrepan acerca de cuánto control aplicar con exactitud, y no entienden en realidad a las personas que piensan de forma diferente a ellos. (Imagine si tuviera que escribir un capítulo sobre los controles parentales útiles. Estaría condenado desde el principio.)

Las personas defienden los controles que usan. «¿Cómo es que esos padres no utilizan los mismos softwares que nosotros? Deberían probar Digital Leavenworth. ¡Digital Leavenworth proporciona, sin dudas, el mejor control parental!». (A propósito, no es un software real. Lo he inventado).

En toda mi investigación y años de ayuda a padres, me he percatado de dos realidades sobre los controles parentales, en especial en los últimos años.

Dos realidades incómodas sobre los controles parentales

1. En la mayoría de los casos, cuanto más usan los padres el software de monitorización, menos se involucran en el diálogo con sus hijos

Los controles parentales y el software de monitoreo son dos grados de control distintos. Los controles parentales restringen el acceso a un contenido específico o limitado de tiempo de pantalla. La mayoría de estos controles están incluidos en los dispositivos modernos de hoy. El software de monitoreo es algo extra que permite a los padres echar un vistazo a lo que sus hijos están haciendo en todos sus dispositivos en tiempo real.

No he percibido muchos efectos negativos cuando los padres utilizan un número razonable de controles parentales, sobre todo cuando los suavizan a medida que sus hijos crecen y maduran. Pero *he* observado resultados negativos cuando los padres ponen demasiado enfoque en softwares de monitoreo. No ocurre en todos los casos, pero, por lo general, cuanto más confían en los «programas espía» para monitorear a sus hijos, menos confiados se sienten estos y es menos probable que se abran con sus padres. Sí, he visto excepciones. Pero, con sinceridad, muchos padres bienintencionados que monitorean a sus hijos dañan las relaciones.

Conclusión: Es el equilibrio milenario entre vínculo afectivo y límites. Los niños necesitan límites, pero no a costa de los vínculos afectivos. Los niños necesitan reglas, pero no en lugar de la relación. Los niños no necesitan guardias de prisión; necesitan padres.

Una vez dicho esto, definitivamente soy un gran defensor de los controles parentales, en especial en los primeros años en que los niños tienen pantallas. Pero *no* soy un gran fan de monitorear cada uno de sus movimientos.

Además, aunque monitoree a sus hijos tanto como Brian, debe saber que existen limitaciones.

2. Los controles parentales están lejos de ser infalibles

No alcanza solo con los controles parentales.

Lea la frase de nuevo. Solo controles parentales no alcanzan. Recuerde lo que dije al principio de este capítulo: los controles parentales pueden ser bastante útiles *cuando van acompañados de una comunicación abierta.*

En resumidas cuentas: Se necesitan ambas cosas. Las dos funcionan bien juntas.

Lamentablemente, algunos padres esperan que los controles parentales y el software de monitoreo hagan el trabajo por ellos. Así que se pierden la oportunidad de dialogar con sus hijos acerca de la verdad. Es una gran tragedia. Las conversaciones con sus hijos acerca del propósito de Dios para el sexo y la intimidad serán mucho más eficaces que cualquier filtro de pornografía. Además, los niños encuentran con frecuencia formas de desviar los controles parentales y los filtros de contenido. He visto muchos ejemplos: usan dispositivos ocultos y duplican las cuentas de las redes sociales, cambiando la zona horaria en el teléfono para ampliar el tiempo de pantalla, o restableciendo los ajustes de fábrica en sus dispositivos para evitar los controles e inventar después una triste historia para explicarlo.

Una mamá me contó que su hijo escondía contenido inapropiado en «la nube» y que accedía a él horas más tarde. La parte más difícil de todo esto es que con una simple búsqueda en Google sus hijos pueden acceder a todo tipo de tutoriales sobre cómo hacer muchos de estos trucos.

De hecho, los controles parentales no bloquean todo. Es muy posible que yo no pueda contar las veces en que he oído a padres decirme: «Lo tengo todo controlado. Sé todo lo que están haciendo mis hijos. No están viendo nada sin que yo lo sepa.» Sinceramente, esto es algo que escucho en boca de al menos un progenitor en casi cada ciudad.

Sin embargo, le ruego que no confíe en exceso en el uso de los controles parentales y en los programas espía. Los que han leído este libro desde el principio leyeron estas palabras una y otra vez: *Las reglas no educarán a nuestros hijos.* Y los filtros de pornografía tampoco. De hecho, cualquier experto en la materia le señalará que puede establecer todos los filtros de pornografía y de límite de pantalla que quiera, y aun así sus hijos no solo *seguirán* encontrando material desagradable sino que además deberán tomar una decisión en ese momento: *¿Debería seguir viendo esto?*

¿Ha preparado a sus hijos para tomar esa decisión? ¿O se ha limitado, quizás, a tratar de filtrar o bloquear cada distracción que pueda surgir en su camino?

Permítame expresarlo de otro modo… que tal vez no sea de su agrado.

Si a sus hijos les gusta ver pornografía *verán pornografía.* Puede instalar un *router* especial que bloquee las páginas porno desde el Wi-Fi, establecer cada control disponible en sus teléfonos, y comprar dispositivos y software que limite cada kilobyte de contenido en cada dispositivo de la casa, y *aun así* el amigo de su hijo puede enviarle una imagen de un desnudo por mensaje o *airdrop*. O también puede acercarse sencillamente a su hijo, sacar su teléfono, desbloquearlo y decirle: «¡Eh, mira esto!»

Esto es mucho más común de lo que usted piensa. Hace poco conocí a unos padres que pusieron cada bloqueador posible en el dispositivo de su hijo con tal confianza que le permitían tener el celular en su dormitorio cada noche. Meses más tarde descubrieron que había encontrado una manera de desviar el bloqueador y había mirado pornografía todas las noches.

Lo diré de nuevo: Solo los controles parentales no funcionan.

Entonces, ¿qué es lo que funciona?

Las buenas noticias

Puede ayudar a sus hijos a estar preparados para estos momentos, comenzando por conversaciones acerca de cómo ser sabios con las pantallas y poniendo algunos controles parentales razonables que harán que ellos sean responsables.

Lo diré una vez más: en realidad, los controles parentales pueden ser bastante útiles *cuando van acompañados de una comunicación abierta.* Por lo general, esta comunicación se produce a través de las conversaciones continuas en la cena, en los largos trayectos en el auto o durante una emocionante fogata bajo las estrellas.

Phil y Katy tienen tres hijas, dos en la secundaria y una en la primaria. Su familia adora las pantallas, pero Phil y Katy esperaron de forma sabia para proporcionarles a sus hijas dispositivos portátiles. De hecho, solo la hija mayor, Grace, tiene un *smartphone* en la actualidad; las otras dos saben que tendrán uno el verano antes de ir al secundario.

Grace no se despertó sin más y obtuvo un *smartphone* cuando cumplió los catorce. Ella y su madre iban a desayunar cada jueves por la mañana durante el verano y leyeron una guía adolescente para las redes sociales, debatiendo un capítulo por semana.

Phil y Katy no impusieron un puñado de reglas sin más; fueron al porqué subyacente a muchas de las normas. De modo que cuando Grace obtuvo su primer celular estaba abierta a muchos de los controles parentales que sus progenitores establecieron desde el primer día, como tener que pedirle a su mamá que introduzca una contraseña antes de descargar cualquier aplicación, o límites de tiempo en ciertas aplicaciones como Instagram.

Pero Grace era adolescente, así que en realidad no estaba de acuerdo con algunos de los límites. Por ejemplo, no le gustaba no poder tener TikTok.

«La respuesta es no. Y no es no», le indicó su madre. «A medida que crezcas podrás tomar algunas de estas decisiones por ti misma».

Grace no estaba muy emocionada con esa respuesta. Pero apreció el hecho de ganar más libertad cada año.

Cada noche, Grace llevaba su teléfono y su ordenador portátil a la habitación de sus padres y los conectaba al cargador del vestidor principal. Por la mañana, lo primero que hacía era ir a buscarlos.

Phil y Katy jamás compraron un software de monitoreo extra para los dispositivos de Grace. Cuando obtuvo su celular ya era bastante madura y demostró sabiduría y honradez en sus decisiones. Francamente, los controles que vinieron con su teléfono eran bastante detallados. Phil y Katy apenas usaron la mitad de ellos. Pero aquellos que implementaron parecían realizar un trabajo bastante bueno, impidiendo que Grace estuviera demasiado atrincherada tras su teléfono.

Eso es lo que muchos padres están descubriendo hoy. Muchos dispositivos ofrecen controles parentales que son suficientes si ya está haciendo todo lo demás que hemos comentado en este libro hasta ahora. Aquí tiene un resumen:

- Asegúrese de que sus hijos pequeños estén cerca cuando están usando las pantallas; no solos y alejados en una habitación.
- Pregúnteles a sus hijos de forma regular qué están viendo y con qué juegos o aplicaciones están jugando. Dialogue sobre lo que están viendo.
- Mire los programas con sus hijos y hable acerca de lo que ven.
- Espere hasta que sus hijos vayan a la secundaria para darles un teléfono.
- Lean un libro juntos, tal como *The Teen's Guide to Social Media and Mobile Devices* [La guía adolescente para las redes sociales y los dispositivos móviles], y enseñe a sus hijos cómo ser sabios con las pantallas *antes* de darles un teléfono.
- Cree zonas sin tecnología, como las habitaciones y la mesa del comedor.
- Apague las pantallas una hora antes de dormir.
- No permita dispositivos en la habitación por la noche. Punto.

Eche un vistazo de cerca a cada una de estas pautas sobre las pantallas. Observe que ninguna de ellas requiere que utilice control parental alguno en los dispositivos de sus hijos. Tan solo exigen que se implique en la vida de ellos.

¿Significa esto que no necesita usar controles parentales en los dispositivos de sus hijos?

Lamentablemente, no. Porque las recomendaciones que ha leído a lo largo de este libro también incluyen sabios principios como estos:

- No permita que tengan redes sociales hasta los trece. Lo dice la ley.
- Limite las redes sociales a solo una o dos horas al día, sobre todo a las niñas.
- Desactive la función de chat o *live-play* de los videojuegos. Los niños pequeños no deberían chatear con extraños en sus sistemas de juego.

Es aquí donde los controles parentales pueden ser de gran ayuda: aplicando ajustes de comunicación, bloqueando las descargas de ciertas aplicaciones y limitando las horas de tiempo de pantalla.

Cada dispositivo que poseen sus hijos tiene controles parentales. El sistema de juegos tiene la capacidad de bloquear el chat con extraños mientras está *online* en modo multijugador. Solo googlee: «¿Cómo bloqueo el chat en la Xbox?» o cualquier dispositivo que tenga, y descubrirá cómo cambiar estos ajustes fácilmente. El *iPad* de su hija tiene ajustes de tiempo frente a la pantalla además de que se puede bloquear el contenido inapropiado, limitar las horas de juego o hacer casi cualquier otra cosa.

Algunos padres han tenido éxito comprando una unidad de control parental para poder conectar a su *router* a fin de establecer límites en todos los dispositivos desde una aplicación. Estos controles pueden ser muy eficaces a nivel de *router* cuando sus hijos dependen de internet y/o del Wi-Fi para dispositivos que no cuentan con su propio internet o plan de datos. Una vez que los niños tienen sus propios celulares (o visitan a amigos con sus propios teléfonos), estos controles parentales se vuelven menos efectivos.

Cuando los niños tienen dispositivos móviles, muchos padres descubren que los controles parentales inherentes a esos dispositivos son bastante eficaces.

Pero como la mayoría de los límites se ponen por amor, estos controles deben variar con la edad.

La edad importa

Si usted es padre de un hijo de cinco años, uno de siete y uno de nueve, y todavía no tienen sus propias pantallas, puede dejar escapar un suspiro de alivio ahora mismo. Este proceso será mucho más fácil para usted. Tiene todo el poder. En el momento en el que empiecen a pedirle un dispositivo puede comenzar a prepararlo con estas palabras:

> «Bien, tener un teléfono y acceder a las redes sociales es una gran responsabilidad, y eso es como la confianza. Se gana, no se da. Así que si quieren tener un celular tendremos contraseñas, y comenzarán con un acceso muy limitado. Conforme vayan creciendo, madurando y demostrando confianza tendrán más libertades. Y mi objetivo es que no tengan ninguna norma o limitación en su último año de escuela secundaria.»

Eso es mucho más fácil de planificar cuando sus hijos aún no disponen de dispositivos. Y establecer controles parentales en el dispositivo de su hijo de ocho años también es mucho más fácil.

Ahora puedo oír cómo me preguntas: «¿Qué quieres decir con el dispositivo de mi hijo de ocho años? ¡Pensaba que no debía comprarle ninguno a mis hijos hasta que vayan a la secundaria!»

En un mundo perfecto es cierto, no deberías. Pero en una época posterior a la cuarentena, en la que el aprendizaje *online* es una realidad en aumento, muchas de las escuelas de nuestros hijos entregan computadoras portátiles o *tablets*. Si este es el caso, no se los dé a sus hijos sin más (no les «lance las llaves» y ya).

La buena noticia es que establecer controles parentales para un niño de ocho años es mucho más fácil, porque no consiste tanto en *elegir lo que bloquea;* es más bien *elegir unas cuantas cosas que le permite.* Si mi hijo de ocho años *necesitara* una computadora portátil para la escuela, comenzaría estableciendo una contraseña difícil y luego la bloquearía literalmente para que nadie pueda descargar nada o navegar por ningún sitio (¡o básicamente hacer nada!). Luego averiguaría qué necesita mi hijo para la escuela y poco a poco desbloquearía unas pocas cosas. Si quiere que sus hijos puedan acceder a unas cuantas páginas inocentes, descargue el navegador web de su elección y configúrelo para que solo pueda abrir las tres páginas que usted consienta. Un niño de ocho años no necesita navegar por la web con libertad.

Pero ¿qué ocurre si usted es padre de adolescentes *y* preadolescentes que ya dan rienda suelta a sus teléfonos y han usado las redes sociales durante años? Si ese es el caso y usted quiere hacer algunos cambios ahora, el proceso exigirá tiempo, energía y paciencia. Es un poco más difícil quitar algo una vez que sus hijos ya lo han usado.

Sin embargo, en este caso, si desea poner en práctica lo que ha estado aprendiendo a lo largo de este libro, necesitará abrir la puerta al diálogo con sus hijos acerca de los límites puestos por amor que son saludables para ellos y su futuro.

- *No* le saque el teléfono a su hijo, limitándose a reconocer sin más: «Ups. Culpa mía. No debería habértelo dado desde un principio.»
- *No* instale un puñado de contraseñas en el teléfono de su hijo un día, diciéndole: «Buena suerte; accede ahora a tus redes sociales. ¡Ja!»
- *No* elimine un montón de aplicaciones, reprendiendo: «De todos modos no deberías haber descargado esta basura».

Si sus hijos ya tienen dispositivos, con suerte habrá estado practicando los pasos que ha leído una y otra vez en este libro. ¿Ha creado un clima de conversación relajada para que sus hijos puedan ser sabios con las pantallas? Si lo ha hecho, entonces ya habrá hablado con ellos sobre:

- A qué edad deberían tener un celular los adolescentes.
- A qué edad deberían tener una cuenta en las redes sociales.
- Por qué los teléfonos y los dormitorios no son una buena mezcla.
- Cuáles son los efectos que producen las redes sociales, sobre todo en las niñas.
- Cuáles son los límites de tiempo frente a las pantallas razonables y útiles.

Cuando haya debatido estos asuntos con sus hijos, con suerte no solo habrá compartido la investigación sobre el tema sino que también les habrá preguntado qué opinan y los habrá escuchado, asegurándose de que sienten que les ha prestado atención y que los comprende. Y si siguió mi consejo se habrá resistido a establecer reglas en ese mismo momento, y habrá esperado, se habrá puesto de pie, alejándose, mientras declaraba: «Necesito algo de tiempo para pensar y orar sobre esto».

Finalmente, recomendé que organice una reunión familiar en la que les informe a sus hijos acerca de su decisión de implementar algunas reglas en la casa para ayudarlos a convertirse en sabios con las pantallas. En esta reunión no solo compartirá muchos de los límites amorosos que discutimos con anterioridad en el libro (incluido el «nada de pantallas en la habitación después de las 8 de la noche»), sino que además añadirá algunos controles parentales útiles en los dispositivos de sus hijos.

La pregunta es: ¿Cuáles de estos controles los ayudarán?

Deles una oportunidad

Uno de los mejores consejos que proporciono a los padres es que busquen en google los controles parentales para los dispositivos de sus hijos. Podría tipiar: «Controles parentales para el iPhone 36». (Me pregunto cuándo saldrá ese teléfono). Lo más probable es que encuentre numerosos artículos y videos de Youtube presentados por un tipo con camiseta de *Star Wars,* contándole todo lo que necesita saber.

Y, con toda sinceridad, puede aprender mucho con un solo clic en los controles parentales de sus propios dispositivos y probándolos. Encontrará todo tipo de cosas que ni siquiera sabía que tenía, desde límites de pantalla hasta filtros de contenido. Me llevó menos de diez minutos aprender cómo activar los controles parentales de mi dispositivo, solicitar una contraseña para descargar cualquier aplicación, limitar Instagram a solo treinta minutos al día, y que se encienda el modo de Inactividad cada noche a las ocho en punto.

Todo es cuestión de contraseñas

Cuando empieza a toquetear los dispositivos de sus hijos lo primero, y probablemente lo más importante, que descubrirá es que la mayoría de los controles parentales son menos poderosos sin una buena contraseña. He oído innumerables historias de padres cuyos hijos han hackeado sus contraseñas.

¡Los niños son listos! Solo necesitan verlo teclear la secuencia 1-2-3-4 una vez en el teléfono y tendrán acceso a todo.

Ese es uno de los temas en los que trabajo en el ministerio juvenil desde que comencé. Escucho a los niños hablar unos con otros acerca de esas cuestiones, y es un tanto divertido.

«Mis padres piensan que no sé su contraseña, pero es su aniversario. ¡Bah!»

«La contraseña de mis padres es nuestro número de teléfono. Me llevó como tres intentos averiguarlo.»

«La mía es mi dirección.»

Y, sí, esas son algunas de las contraseñas más comunes.

Esta es mi recomendación. Utilice algo totalmente aleatorio. Y eso quiere decir algo que no sea de su película, canción o programa de televisión favoritos. Si usted es un nerd de *Star Wars,* será mejor que su contraseña no sea THX1138. Si siempre tiene puesta la emisora de los ochenta sonando en su casa, será mejor que su contraseña no sea el número de la estación de radio.

Cuando digo aleatorio me refiero a: ¿Recuerda un número que no haya forma de que sus hijos hayan oído, como su primer número de teléfono? ¿Qué tal la patente de su vecino? (Tome una foto del auto de su vecino y mézclela con un grupo de fotos de su teléfono. Lo más probable es que su hijo no se percate de ello.)

La cuestión es esta: Debe tomarse más de diez segundos para escoger una contraseña que tenga la seguridad de que sus hijos jamás averiguarán.

Otra cosa que debe considerar es guardar de forma privada esa contraseña. Aquí tiene algunas recomendaciones:

1. No escriba su contraseña en ningún sitio. Sus hijos la encontrarán. Los he escuchado hablar de ello.
2. Jamás se la repita en voz alta a su cónyuge, aunque crea que sus hijos no lo pueden escuchar. De nuevo le digo que para ellos con una sola vez basta.
3. No sucumba ante la tentación cuando esté lavando los platos, y sus manos estén sumergidas en jabón, mientras piensa: *Solo le diré la contraseña a mi hija muy rápido para que pueda acceder a algo, y recordaré cambiarla más tarde.* Porque la mayoría de los padres se olvidan, y lo más probable es que su hija ahora tenga una pista sobre el tipo de contraseña que usted usa.

Si piensa que estos consejos suenan ridículos puede que lo sean. Pero el hecho es que muchos de ustedes, que están leyendo ahora mismo este libro, tienen la contraseña 0-0-0-0, o su fecha de cumpleaños, o las letras que forman el nombre de su hija. (¡Ya lo he averiguado!). También podrían no tener ningún control parental si sus hijos ya conocen la contraseña.

De modo que trate de esforzarse en poner una contraseña fuerte para sus controles parentales, y asegúrese de que sus hijos jamás puedan descubrirla. (De nuevo, si no sabe cómo poner una contraseña, googlee: «Establecer controles parentales en…» e introdúzcala en cada uno de los dispositivos de sus hijos. Le garantizo que encontrará varios artículos, blogs y hasta videos de YouTube contándole cómo disponer de esos controles para los dispositivos específicos de sus hijos. Y uno de los pasos será, inevitablemente, introducir una contraseña. Es allí donde elegirá una contraseña fuerte que su hijo no sepa.)

No confunda los controles parentales con la contraseña de bloqueo de pantalla.

Lo más probable es que tanto los dispositivos de sus hijos como los suyos requieran otra contraseña para desbloquear la pantalla. Deje que sean sus hijos quienes la elijan, porque necesitan pulsarla cincuenta veces al día. Pero usted y su cónyuge también deben conocerla.

Déjelo claro desde el principio. Ese celular no es el diario de sus hijos. No es su pequeño mundo privado con una señal que cuelga de la puerta que dice: Solo Niños. No es ese canal infantil de televisión en que mamá y papá son dos idiotas controlados por pequeños mocosos ingeniosos. El teléfono es un privilegio, como lo es conducir un auto. Supongo que usted no permitiría que su hijo de doce años condujera por donde quiera, y estoy 100 % seguro de que no permitiría que le dijera: «¡Ni siquiera te diré a dónde voy!»

Pero los controles parentales y las contraseñas de desbloqueo de pantalla no son los únicos códigos de acceso que necesita saber.

Contraseñas de aplicaciones individuales

Hasta aquí tiene una contraseña que sus hijos no saben: la del control parental. Y si el dispositivo de su hijo usa un bloqueo de pantalla esa será una contraseña que tanto usted como su hijo sabrán. Pero las aplicaciones individuales también requieren a veces una contraseña.

Por lo tanto, cuando por fin permita que su hija acceda a Instagram, ella creará un código de acceso. Cuando abra por primera vez su cuenta será buena idea que usted la conozca.

Si deja que tenga Snapchat, asegúrese de saber la contraseña.

Si deja que tenga TikTok, debe saber también esa contraseña.

Una vez más, las opiniones varían. Algunos padres piensan que es ser como «Gran Hermano» saber cada una de las contraseñas de sus hijos. Personalmente, preferiría comenzar siendo estricto. Por ejemplo, querría saberlo todo si le diera a mi hija de catorce años su primer celular cuando es estudiante de primer año de secundaria. Luego iría suavizando los controles a medida que ella demostrara ser digna de confianza, la transición a partir de un gran control hasta otro muy liviano en su penúltimo año de escuela, y, finalmente, sin reglas en su último año.

Pero comenzaría siendo estricto.

Después de establecer todas las contraseñas, un buen lugar por donde comenzar con los controles parentales es la configuración de los diferentes límites de pantalla que, por lo general, se encuentran en los ajustes de los dispositivos. En la mayoría de los teléfonos y *tablets*, estos ajustes dan a los padres la oportunidad de limitar el tiempo frente a la pantalla, filtrar el contenido e incluso controlar las descargas.

Consideremos algunos de estos ajustes básicos de control parental que querrá utilizar.

Controles parentales recomendados

En esta sección, obviamente no seré capaz de darle los detalles de cada pulsación de tecla y cada deslizamiento específico de los dispositivos de sus hijos o del software que ha comprado, porque son muchísimos. Pero no se preocupe. Puedo proporcionarle grandes pinceladas atemporales que podrá usar con cualquier dispositivo.

Estos son los controles que recomiendo yo personalmente:

1. Permiso para descargar y/o eliminar aplicaciones

Cuando sus hijos obtengan por primera vez un dispositivo, establezca una contraseña fuerte de control parental. Y luego modifíquela para que no puedan descargar ninguna aplicación sin una contraseña.

Esto requiere que sus hijos acudan a usted y le pidan permiso para descargar esa nueva red social que tanto quieren («Mamá, ¿puedo tener TikTok?»).

Luego puede aplicar lo que ha aprendido en el capítulo 5 y responder: «No lo sé. Comprobémoslo juntas.»

Me encanta cuando los controles parentales generan conversaciones.

Encontrará estos ajustes en el control parental o en los ajustes de tiempo de pantalla en el dispositivo de su hijo, tal vez como: «Restricciones de contenido y privacidad». Apple da la opción de solicitar contraseñas para instalar aplicaciones, o puede configurarlo para que le solicite una contraseña de descarga o eliminación de cualquier aplicación.

Cuando sus hijos son pequeños no les permita hacer ni una cosa ni la otra sin una contraseña. Pero, a medida que vayan creciendo y sean más maduros, considere permitirles descargar aplicaciones sin una contraseña, pero no eliminarlas. Sus hijos experimentarán algo de libertad por no tener que pedir permiso para descargar aplicaciones, pero deben preguntar antes de poder eliminar esa aplicación inapropiada que han descargado. Eso lo ayudará a moverse de un lugar de control a uno de responsabilidad.

Pero hay otro ajuste de privacidad a considerar.

2. Ajustes de servicios de ubicación

Los ajustes de servicios de ubicación indican a los demás dónde están sus hijos en cualquier momento. No lo desactive, porque si lo hace nunca será capaz de utilizar funciones útiles, como «Encontrar mi iPhone» si sus hijos pierden sus dispositivos, u otras funciones de búsqueda que su celular en concreto pueda ofrecer. Pero vaya a cada aplicación y desactive los servicios de localización específicos según sea necesario.

Por ejemplo, si sus hijos tienen Snapchat podrían haber optado por una herramienta divertida llamada Snap Map. Esta herramienta permite a los niños compartir sus ubicaciones con otros amigos en un mapa a tiempo real. Es divertido si están compartiendo sus ubicaciones con amigos de verdad, a los que han conocido cara a cara y en los que confían. Pero, tristemente, los adolescentes de hoy tienden a ser amigos de extraños. Así que ahora David Berkowitz puede ver exactamente dónde está pasando la noche su hija porque lo muestra en tiempo real en un Snap Map.

Si sus hijos quieren utilizar la función de Snap Map de forma segura, pueden ir a ajustes y desactivarlo por completo o configurarlo para que solo la familia o amigos concretos puedan ver dónde están en cualquier momento.

Estos son buenos temas de conversación para tener con sus hijos. Y puede ayudarlos a configurar los límites de los servicios de ubicación para cada una de sus aplicaciones.

3. Restricciones de contenido

La mayoría de los dispositivos tienen restricciones de contenido que permiten elegir las clasificaciones de las películas, la música, los programas de televisión, los libros y las aplicaciones. Por ejemplo, podría establecer restricciones para que sus hijos no puedan escuchar canciones marcadas como «explícitas». Incluso podría hacer que solo pudieran descargar aplicaciones clasificadas por edades de nueve años en adelante y no de doce años o más. Así no podrán descargar la mayoría de las aplicaciones populares de las redes sociales que quieren. (O, como acabamos de exponer, puede hacerlo para que no puedan descargar ninguna aplicación).

Otro rasgo que puede restringir es el contenido web. Muchos dispositivos le permiten bloquear páginas para adultos. Pero con los niños incluso puede establecer restricciones para que solo puedan navegar por «páginas permitidas», y puede seleccionar qué páginas permitir.

Una vez más, la mayoría de los dispositivos ofrecen mucho control de contenido. Lo animo a que pruebe esta herramienta así comprobará su efectividad.

También me gusta establecer límites dentro de las aplicaciones de entretenimiento. Por ejemplo, si permite que sus hijos vean Netflix en sus dispositivos, asegúrese de que *no* tengan su contraseña de Netflix, y utilice los ajustes para que solo puedan ver películas o series dentro de las clasificaciones que usted elija.

Eso mismo para las aplicaciones de redes sociales como TikTok. Si usted permite que sus hijos tengan esa aplicación, asegúrese de utilizar el modo de restricción. No, esto no elimina todo el lenguaje y el material sensual, pero lo recorta un poco.

La mayoría de las aplicaciones ofrecen algún tipo de controles parentales o incluso ajustes de «bienestar digital». Pero eso no siempre lo ayuda a limitar *cuánto tiempo* pasan en cualquiera de esas aplicaciones.

4. Límites de aplicación

Muchos dispositivos tienen ajustes de control parental que les permiten establecer límites de tiempo para aplicaciones concretas o categorías de aplicaciones. Esto es bueno, porque algunas de ellas no ofrecen límites adecuados dentro de sus propios ajustes. Pero puede usar los controles parentales del dispositivo para establecer un límite y que su hijo solo pueda estar en YouTube treinta minutos al día, y en Instagram y Snapchat otros treinta minutos en total. Esta es una forma genial de restringir el tiempo que sus hijos pasan en las redes sociales en un dispositivo concreto.

Además de limitar la cantidad de tiempo que ellos pasan en las aplicaciones, también puede acotar las horas que los niños pasan con sus dispositivos.

5. Modo de inactividad

Asimismo, para limitar la cantidad de tiempo que los niños pasan en las aplicaciones también puede delimitar las horas que pasan con sus dispositivos.

La herramienta Downtime (inactividad) de Apple, le permite configurarlo para que el dispositivo o las aplicaciones concretas que elija se apaguen básicamente por la noche. Puede elegir la inactividad exacta para cada dispositivo o aplicación. Otros tienen ajustes similares.

He oído a algunos padres justificar el hecho de permitir que sus hijos tengan sus celulares en su dormitorio por tener esta configuración. Eso es depositar demasiada confianza en los controles parentales. Y estos padres son los que acaban contándome historias sobre cómo sus hijos realizaron un restablecimiento de fábrica en sus dispositivos porque estaban desesperados por usarlos.

Puede evitar todo eso simplemente retirándoles las pantallas por la noche. Ni siquiera exponga a sus hijos a la tentación, en especial en un mundo en el que la pornografía está solo a un clic de distancia o a un deslizamiento de pantalla.

Estos no son más que algunos de los controles parentales que ofrecen los dispositivos. Cuando explore los de sus hijos puede que encuentre más (o menos) controles de los que quiera aplicar. Usted decide.

El mejor bloqueador de pornografía

Los controles parentales son útiles, pero permítame recordarle cuál es el mejor bloqueador de pornografía disponible: las conversaciones con sus hijos sobre el sexo y la intimidad.

Tal vez no puedo enfatizarlo lo suficiente. Pero los controles parentales son tan buenos como las conversaciones que los precedan. A pesar de que los filtros de contenido pueden hacer un trabajo bastante bueno, impidiendo que sus hijos accedan a páginas inadecuadas, debería explicarle el *por qué*. Y la respuesta no es: «Porque lo digo yo».

> *Los controles parentales son tan buenos como las conversaciones que los precedan.*

Sus hijos podrían preguntarse realmente: *¿Qué hay de malo en mirar fotos de personas desnudas?*

Es una buena pregunta, y merece una buena respuesta. A las Escrituras debemos acudir para obtener esas respuestas explícitas, en todo su detalle.

Eche un vistazo a Proverbios 5:18-19 (NTV):

> Que tu esposa sea una fuente de bendición para ti.
> Alégrate con la esposa de tu juventud.
> Es una cierva amorosa, una gacela llena de gracia.
> Que sus pechos te satisfagan siempre.
> Que siempre seas cautivado por su amor.

Permítame tranquilizarlo. Este pasaje llama la atención de la mayoría de los jóvenes. Lo utilizo mucho cuando un muchacho está luchando con la tentación sexual. Como, por ejemplo, cuando los chicos me preguntan: «¿Por qué es taaaaaaaan tentador ver porno?»

Siempre respondo de este modo:

> Porque Dios te ama tanto que te dio un asombroso regalo del que disfrutar con una mujer para siempre. Este regalo es el sexo. Y, de hecho, es tan asombroso que muchas personas no quieren esperar hasta conocer a la persona correcta, o tal vez piensan: *Es tan bueno con una persona; apuesto que es aún mejor con más de una.* Pero, finalmente, se dan cuenta de que Dios sabía en realidad lo que estaba haciendo cuando te diseñó para tener relaciones sexuales con una sola persona.

A menudo recurro a este pasaje de Proverbios 5 y les digo: «Las Escrituras son bastante claras sobre este tema». Y entonces les leo esos versículos.

Seré sincero. Esos versículos asustan a muchos padres. Tal vez piensan: *¡No quiero mostrarle a mi hijo un versículo que habla sobre los pechos!*

Reconsidérelo, por favor. En un mundo de mentiras explícitas su hijo necesita la verdad explícita.

Estos versículos les hablan a aquellos hombres que miran a otras mujeres. El autor de este proverbio ofrece una sabiduría asombrosa: En lugar de mirar a otras mujeres, recuerda a tu esposa y lo hermosa que ella es.

Aquí es donde la Biblia es específica, y su hijo lo apreciará de verdad: «Disfruta de los pechos de tu esposa. Que siempre te satisfagan.»

Es bastante erótico. Pero no se detenga allí. Esto es lo que dice Proverbios 5:20 (NTV):

> Hijo mío, ¿por qué dejarte cautivar por una mujer inmoral
> o acariciar los pechos de una mujer promiscua?

No puede ser más claro: Disfruta de los pechos de tu esposa; no disfrutes de los pechos de otras mujeres.

Aquí es donde yo le haría a mi hijo algunas preguntas básicas:

- ¿De qué podemos disfrutar, según la Biblia?
- ¿De qué nos advierte la Biblia?
- ¿En dónde podrían distraerse los chicos mirando los pechos de otras mujeres hoy en día?

Muy a menudo, le mencionarán la pornografía como un lugar en el que podrían encontrar esas distracciones. El pasaje de Proverbios 5 ofrece una gran perspectiva acerca de por qué, a la larga, nos hace daño mirar los pechos de otra mujer.

El propósito de este capítulo sobre los controles parentales no es que les imparta una charla de sexo a sus hijos, aunque también podría hacerlo (tan solo piense en ello como material extra). En este punto de la conversación, yo en realidad explicaría la diferencia entre adulterio (tener sexo fuera del matrimonio), la inmoralidad sexual (actividad sexual cuando aún no estás casado), y la lujuria (imaginar situaciones sexuales).

Acuda a la enseñanza de Jesús acerca de la lujuria en Mateo 5:28 y, tal vez, a algún buen consejo sobre cómo huir de la tentación sexual en 2 Timoteo 2:22. (Mis libros *Sex Matters* [El sexo importa] y *The Guy's Guide to Four Battles Every Young Man Must Face* [La guía del joven para las cuatro batallas que todo hombre debe afrontar] entran en mayor detalle sobre el tema del plan de Dios para el sexo y la intimidad).

La cuestión es que nuestros hijos necesitan mucho más que bloqueadores de pornografía. Necesitan comprender lo que es la pornografía, por qué no es saludable y qué hacer si se encuentran con ella. Los bloqueadores de pornografía pueden ayudar a sus hijos a «huir» de distracciones indeseadas, pero en última instancia las conversaciones que tengan sobre el plan de Dios para el sexo y la intimidad sentarán las bases para que tomen sus propias decisiones cuando aparezcan esas tentaciones.

¿Tiene ese tipo de conversaciones con sus hijos?

Menos es más

Mi hermano me acaba de llamar, mientras yo estoy aquí sentado escribiendo esto, y me preguntó: «¿Qué haces?»

«Escribo un capítulo acerca de los controles parentales», le respondí.

«Oh, ¡wow!», respondió, mostrando un poco más de curiosidad de la que yo esperaba. «¿Qué recomiendas?» (Sus hijos tienen doce y catorce años).

Sin dudarlo, le respondí: «Muchos menos controles de los que yo utilicé con mis hijos». Y luego proseguí: «Si tuviera que volver a hacerlo, pasaría mucho menos tiempo tratando de bloquear las mentiras del mundo y mucho más tiempo mostrándoles la verdad de la Palabra».

Piense en ello por un momento. Si pasa más tiempo averiguando qué páginas visitan sus hijos del que pasa hablando con ellos acerca de lo que Jesús enseñó sobre cómo tratar a los demás, algo está desequilibrado.

Yo cometí ese error.

Y ahora intento advertir a la gente, al lugar a donde vaya, que establezcan vínculos afectivos antes de poner bloqueadores, amor antes que límites y conexión antes que corrección.

A principios de este año, una iglesia me volvió a invitar para que diera otro taller para padres. Estaba socializando con mamás y papás antes del taller, cuando un padre se me acercó.

«Usted no me conoce», empezó, «pero vine a su taller el año

pasado. Tan solo quería darle las gracias. Usted salvó mi relación con mi hija Jessica.»

Sobra señalar que captó mi atención.

«¡Wow!», respondí. «¡Muchas gracias por el estímulo! ¿Qué fue lo que le aconsejé?»

«Bueno, el año pasado, antes de asistir a su taller, mi esposa y yo prácticamente habíamos decidido que jamás les daríamos teléfonos a nuestros hijos ni les dejaríamos tener pantallas de ningún tipo».

Le formulé la pregunta del Dr. Phil: «¿Y le funcionó?»

Se rió. «No».

«¿Cuántos años tenían sus hijos?», pregunté.

«Ocho, diez y luego está Jessica, la mayor, que tenía trece en ese momento».

«¿Y qué pasó?»

«Jessica era la única de su grupo de amigos que *no* tenía un teléfono. Literalmente la única. Nos suplicaba que le compráramos uno cada día, a veces con lágrimas. Pero nosotros no cedíamos.»

«¿Y qué cambió?»

«El año pasado, cuando usted nos indicó que mantuviéramos nuestros ojos en el calendario, mirando hacia el futuro y preguntándonos: *¿Estoy preparándola para tomar decisiones cuando se vaya de casa?*, nos dimos cuenta de que no lo estábamos haciendo. Estábamos comportándonos como usted advertía que no debíamos hacer. Estábamos tomando las decisiones por ella.»

«¿Y qué hicieron después?»

«Básicamente reconocimos ante ella que no se trataba de que no quisiéramos que tuviera un celular. Lo único que pretendíamos era que al poseer uno no se desviara del camino. Luego seguimos su consejo y le dijimos que hiciera una elección. Le señalamos que podía esperar a tener dieciocho para recibir un teléfono, o que podía juntarse con nosotros una vez a la semana y leer juntos su libro *Teen's Guide to Social Media* [Guía adolescente para las redes sociales], y luego le daríamos un teléfono.»

«¿Y cuánto tiempo llevó eso?»

«Leímos unos cuantos capítulos a la semana, básicamente a su ritmo, debatiendo todos los temas, desde lo que publicaría hasta a quién aceptaría como amigo, y cómo las pantallas afectan la autoestima.» Se quedó en silencio por un rato. «Fue la mejor conversación que tuvimos jamás. ¡Gracias!»

A esta altura, probablemente usted haya memorizado esta frase: Los controles parentales pueden ser útiles *cuando van acompañados de una comunicación abierta.*

Preguntas para el debate

1. ¿Por qué cree que enfocarse *demasiado* en los controles parentales puede dificultar la capacidad de entablar un diálogo significativo con sus hijos?

2. ¿Cómo pueden las directivas acerca de las pantallas —como no tener teléfonos en el dormitorio, asegurarse de que los niños estén cerca cuando miran las pantallas, o esperar hasta la escuela secundaria para darles un teléfono (por mencionar solo algunas)— reducen la necesidad de poner controles parentales excesivos?

3. ¿Por qué es útil solicitar una contraseña parental para que sus hijos descarguen o eliminen aplicaciones?

4. ¿Ha probado algunas restricciones de contenido en los dispositivos de sus hijos, en sus cuentas de Netflix o en otras herramientas o aplicaciones? ¿Cómo le funcionó?

5. ¿Cómo ayudarían a sus hijos los límites de aplicaciones en el uso de las redes sociales? ¿Son infalibles esos límites? Entonces, ¿qué otra cosa puede hacer? (Pista: No es un control parental; es una conversación).

6. Jonathan compartió que el mejor bloqueador de pornografía es involucrar a sus hijos en conversaciones (no solo una conversación) acerca del plan de Dios para el sexo y la intimidad. ¿Tiene razón? Explíquelo.

7. ¿Cómo puede empezar a acompañar los controles parentales con comunicaciones abiertas esta semana?

CAPÍTULO 9

Cuando rompen las reglas

Corregir sin destruir la conexión

CREÍA QUE MIS HIJOS lo habían entendido. Habíamos hablado de ser sabios con las pantallas en innumerables ocasiones. Sabían con exactitud qué estaba fuera de los límites, pero un día mi hijo decidió cruzar la línea de todos modos.

Puedo recordar con claridad el día que ocurrió. Ni siquiera fisgaba en sus pantallas. Tan solo me topé con ello. Mi hijo había descargado música inapropiada. Cuando me di cuenta, comprobé que hacía meses que la había descargado y que la escuchaba de forma regular.

Aquello me hirió.

Así que cuando llegó a casa, se lo largué. Me discutió… y yo estallé.

«¡Ni se te ocurra discutir conmigo!», le grité. «Sabes que no debías hacer eso, y aun así lo hiciste»

Discutimos más, y la pelea se acaloró aún más.

Lori entró a la habitación y me puso la mano en el hombro, y solo me susurró: «Jonathan». En realidad me estaba queriendo decir: «Jonathan, ¿te das cuenta de que estás fuera de control y que debes detenerte ahora?»

Pero, en vez de escucharla, giré hacia ella y le espeté algo estúpido: «Está todo bajo control». Bajé la voz durante unos diez segundos, hasta que mi hijo empezó a discutirme de nuevo, y entonces exploté más aún.

Historia real.

La parte que recuerdo con mayor claridad es cuando mi hija menor, Ashley, comenzó a llorar. Mi corazón se estremeció.

«Ashley, ¿qué ocurre?», le pregunté.

Jamás olvidaré sus palabras.

Entre suspiros, me dijo simplemente: «Estoy triste».

«¿Por qué?», inquirí.

«Porque estás siendo muy malo».

No me estaba equivocando al corregir a mi hijo. Tenía que hacerlo. Pero a decir verdad *no estaba preparado* para regañarlo en ese momento. Estaba fuera de control. «Está todo bajo control» era la frase más alejada de la realidad. No *tenía nada* bajo control. Lo único que conseguí fue avergonzar a mi hijo delante de toda la familia, y el resultado involuntario de ese momento, y de otros como ese, fue transmitirles a mis tres hijos: *papá no está seguro.*

Seguro

Lo escucho después de cada asamblea escolar en la que hablo.

Los niños se acercan a mí y comienzan a hacerme preguntas sobre temas sensibles. Y siempre respondo del mismo modo, casi como un experimento para comprobar cómo responden. Les pregunto: «¿Has intentado hablar de esto con tus padres?»

Los estudiantes literalmente se ríen y me dicen: «De ningún modo hablaría con ellos acerca de esto».

«¿Por qué?», les pregunto, y siempre la misma respuesta.

«Porque se ponen como locos».

No es que yo sea el único padre con el que sus hijos se sienten en confianza. Siempre que hablo en una asamblea escolar tengo dos ventajas:

1. Soy un extraño. El fenómeno del forastero del tren, como algunos psicólogos lo llaman, es cuando las personas encuentran más fácil compartir algo personal o vulnerable con alguien que saben que no volverán a ver. El riesgo es mínimo.
2. Los niños acaban de oírme hablar acerca del tema en cuestión, y cuando hablo con estudiantes parezco alguien que no juzga y que solo les da buena información para que puedan tomar una decisión documentada. Eso me hace parecer seguro.

De nuevo esa palabra: *seguro.* Es una palabra que he escuchado mucho últimamente en el ámbito de la salud mental. Cuando las personas se sienten seguras se abren y se involucran en conversaciones significativas. Cuando sienten que las mandan a callar o las avergüenzan se aíslan.

¿Cómo se sienten sus hijos en su casa? Permítame ser claro. No estoy diciendo que no deba corregir a sus hijos. Del mismo modo que necesitan límites amorosos, precisan también de una corrección cariñosa. Pero si usted es como yo, podría necesitar esforzarse un poco más en ser *cariñoso* al corregirlos. Si los corregimos sin cariño nuestros hijos podrían sentirse resentidos con nuestra reprimenda. Y el resentimiento conduce a la rebelión.

Por lo tanto, ¿cómo podemos corregirlos sin avergonzarlos? ¿Cómo puede corregirlos de un modo que haga pensar a sus hijos en lo que han hecho y aprendan de sus errores?

¿Qué puede hacer para ayudarlos a sentirse seguros con usted? Cuando sienten esa seguridad, pensarán: *Mamá y papá me aman de forma incondicional. Siempre están ahí para mí, aun cuando meto la pata.*

Siete consejos para corregir sin destruir la conexión

Aquí le daré siete consejos útiles que no solo evitarán que destruya la conexión, sino que además catalizarán la conexión. Ojalá yo hubiera aprendido esto antes para haber podido aplicarlo en la crianza de mis hijos.

1. Prepárese

Sus hijos romperán las reglas. Prepárese para ese momento.

¿Recuerda lo que es ser adolescente? Todas esas inseguridades, esos sentimientos y deseos de ir saltando por la vida en un cuerpo que cambia con rapidez.

Es mucho más grave aun cuando consideramos este hecho: No tenemos ni idea de lo que es ser adolescente hoy. Las pantallas proporcionan algo de diversión y ventaja, pero también han sumado mucha complejidad a un tiempo ya difícil en la vida de los jóvenes. La presión que las pantallas ejercen no se parece en nada a lo que experimentamos nosotros cuando teníamos su edad.

> ***Si los corregimos sin cariño nuestros hijos podrían sentirse resentidos con nuestra reprimenda. Y el resentimiento conduce a la rebelión.***

Digamos que su hija de doce años, Jordana, ya tiene celular (está en la escuela secundaria), pero quiere tener Instagram con desesperación. Y usted le dice: «Lo siento. Pero no puedes hacer todo lo que hacen tus amigos.» Puede que se lo explique sin siquiera considerar lo que es que todos los demás niños de la escuela estén hablando acerca de lo que vieron en Instagram y su hija esté fuera del círculo. ¿Por qué la excluyen? Porque no tiene Instagram como ellos. Por supuesto, ella no ve el problema de ese modo. Ella solo oye las risas de los demás niños, como si le dijeran: «Oh, claro. La mamá de Jordana no le permite tener Instagram porque es mala.»

Así que Jordana rompe las reglas y descarga Instagram en su teléfono.

Eso suele ocurrir.

Incluso los niños más buenos, más educados y meticulosos meterán la pata de algún modo. Tal vez sea algo insignificante… ¡o puede que sea algo enorme!

¿Está preparado para ese momento?

Repita después de mí: «Mis hijos van a romper las reglas».

Adelante. Repítalo en voz alta ahora mismo. (Sí, si hay alguien más en la habitación probablemente lo mire raro. Mi perro me miró así cuando lo dije).

Ocurrirá. Así que prepárese para ese momento. Se sentirá herido. Lo tomará como algo personal. Y, si es humano, podría incluso sentir la tentación de gritarle a su hijo con furia.

Por ello, el siguiente consejo es el más importante.

2. Gane algo de tiempo

Aunque sea el padre con más autocontrol de la galaxia, tomarse unos minutos antes de responderle a su hijo nunca es malo.

La mayoría no damos lo mejor de nosotros cuando nos ponen en apuros. Y esa es una forma estupenda de describir el momento exacto en el que usted descubre que uno de sus hijos ha roto las reglas. No será en el momento perfecto. Lo sorprenderá con la guardia baja, y será puesto a prueba en ese mismo instante, en el acto.

Pero su reacción importa.

Sus hijos recordarán cómo reaccionó.

Y considerarán esa reacción algún día en el futuro, cuando se sientan tristes, solos o culpables, y ese pensamiento acuda a su mente: *¿Debería hablar con mamá sobre esto? ¿Es alguien que me da seguridad?*

¿Qué decidirá?

No estoy insinuando que si pierde la calma una vez lo echará todo a perder y que por eso sus hijos empezarán a consumir drogas. Los padres cometen errores, y es bueno ser humilde y disculparse cuando uno mete la pata. Pero si mamá y papá reaccionan exageradamente todo el tiempo, sus hijos comenzarán a darse cuenta de que no tienen confianza en sus progenitores.

¿Se sienten sus hijos seguros cuando meten la pata?

Sus hijos no precisan (ni tampoco necesariamente quieren) un padre que les permita hacer todo lo que desean. Lo que necesitan es un padre que quiera escucharlos y trate de entenderlos, un padre que no se vuelva loco cada vez que meten la pata. *Necesitan a alguien con quien sentirse seguros.*

Sus respuestas cuando está en apuros influyen en ese sentimiento de seguridad. Así que gane algo de tiempo. De hecho, practique su respuesta. Ensáyela ahora para no estar buscando las palabras en un momento de dolor y enfado.

Tal vez puede decirle algo así a su hija:

> «¡Vaya! No sé ni qué decir en este momento, además de que te quiero muchísimo, incluso cuando rompes las reglas. Necesito algo de tiempo para pensar y no responderte algo estúpido. Por favor, deja tu teléfono en la mesa de la cocina y ve a tu habitación a hacer los deberes. Necesito orar.»

El tono y el volumen también son de vital importancia. De manera que respire antes de pronunciar su discurso ensayado. Luego, articúlelo con suavidad y calma. *De forma segura.*

Haga exactamente lo que le comunicó a su hija que haría: ore.

3. Admítalo: «No puedo controlarlo»

Ore y humíllese delante de Dios. Digo *humíllese* porque en ese momento es importante lograr tener la perspectiva apropiada. De hecho, todos nos equivocamos, y nadie merece misericordia alguna. Pero Dios nos ama tanto que nos ha mostrado clemencia pagando un precio enorme, la sangre de su Hijo, Jesús. Él es *gracia* y *misericordia* a la vez. Es gracia por cuanto es un regalo inmerecido. Y es misericordia porque, por medio de la fe en Él, nos ha mostrado misericordia y somos salvos del castigo que merecemos. Nuestra respuesta a estos asombrosos regalos debería ser humildad (y, probablemente, algo de asombro).

La humildad es ser lo bastante sabios como para reconocer la estupidez de la vocecita que suena en nuestros oídos, que proclama con orgullo: *¡Lo tengo todo bajo control! ¡No necesito la ayuda de nadie!* La humildad es recordar cuántas fallas cometimos, las suficientes como para reconocer: «No tengo todo bajo control. De hecho, necesito tu amor, tu misericordia y tu fuerza, Señor.»

Lo extraordinario de humillarnos y recibir la misericordia de Dios es que esta tiende a rebosar. Cuanto más nos abrimos a ella más se desborda. Ni siquiera es algo que tenemos que intentar hacer; es algo que solo debemos permitir que suceda en nosotros.

Así que ore, confiésele a Dios sus propias imperfecciones, humíllese ante Él e imprégnese de su amor, su paciencia, su amabilidad y de cualquier otra característica de su amor, mencionada en 1 Corintios 13.

Tómese algunas horas si es preciso.

Duerma pensando en ello si es necesario. Por supuesto, deje que su hijo salga de la habitación después de un par de horas y comuníquele: «*No* hablaremos de esto hoy. Quiero dormir, reflexionar en ello y orar un poco más.»

De hecho, la espera es un gran castigo en sí misma. Su hijo lo *odiará*. Ellos quieren saber: «¿Qué va a hacer mi padre?»

Ni se le ocurra complacerlo. Déjele en claro que necesita pensar hasta mañana.

4. Pregunte a sus hijos cuál es su versión de la historia

Volvamos a la situación con Jordana. Cuando esté preparado, siéntese con ella y dígale: «Hablemos de ello». Explíquele rápidamente, en una o dos palabras, de forma literal, lo que observó.

> ***Una de las mayores necesidades de los adolescentes de hoy es sentir que se los tiene en cuenta y que son escuchados.***

«Quisiera que quedara claro que tú sabías que no podías descargar Instagram hasta que tuvieras trece. Ayer descubrí esta cuenta de Instagram en tu teléfono, y parece que la creaste a espaldas de nosotros.»

Es aquí cuando usted se tiene que contener para no actuar como lo hacen muchos padres: sermonear, sacar conclusiones apresuradas e imponerles un castigo sin conocer toda la situación.

En primer lugar, dele a su hija la oportunidad de ser escuchada. Indíquele: «No quiero sacar ninguna conclusión apresurada así que, por favor, cuéntanos tu versión de la historia. ¿Lo hiciste? Si es así, por favor, explícalo.»

Una de las mayores necesidades de los adolescentes de hoy es sentir que se los tiene en cuenta y que son escuchados. Muchos niños sienten que sus padres los ignoran y los *malinterpretan.* Momentos como este son oportunidades excelentes para hacer que sus hijos se sientan escuchados y comprendidos.

Así que escuche cuando hablan. Aquí hay un truco que he aprendido.

5. Conviértase en secreto en el mejor abogado defensor de su hijo

He repetido una palabra intencionadamente a lo largo de este libro que puede cambiar su relación con sus hijos. Esa palabra es *empatía.*

Forma parte de los cinco pasos (en realidad seis) que he repetido capítulo tras capítulo para ayudarlo a escuchar los puntos de vista de sus hijos y crear un clima de conversación relajada en el hogar.

Cuando sus hijos metan la pata y rompan las reglas, es necesario que les pregunte cuál es su versión de los hechos y que se ponga en su lugar. Pero es mucho más difícil en estos momentos, porque nuestra tendencia como padres es derribar sus débiles excusas en lugar de buscar entenderlas. Por eso, cuando mis hijos eran más pequeños, jugaba a un pequeño juego sin que ellos lo supieran. Cuando les pedía que me contaran sus historias, yo me convertía en secreto en su mejor abogado defensor y comenzaba a intentar reconstruir su caso en mi cabeza. Eso me ayudaba a procurar ver la situación desde su perspectiva y averiguar lo que era necesario comprender de la otra parte (lo que también me ocurría a mí).

Esto puede abrirle los ojos.

No, no soy un padre indeciso que permite que sus hijos se salgan con la suya en todo. Si violan una norma habrá consecuencias. Tan solo quiero llegar al *porqué*, ya que en muchas ocasiones eso manifiesta un problema o una necesidad más profunda que podría ser más importante que la pequeña infracción en cuestión.

Digamos que su hija le responde: «No lo sé. Supongo que solo quería tener Instagram. Todos mis amigos lo tienen, y parece que soy la única que no lo tiene. Christina y Lindsey se burlan de mí, así que lo descargué.»

En lugar de apresurarse a corregirla, explore un poco más, formulándole otra pregunta: «¿Cómo fue?»

«No lo sé», responde ella. «Al principio fue divertido. Pero no tengo muchos seguidores. No soy tan guapa. Sencillamente no le gusto a la gente.»

¿Qué es más importante ahora: la pobre autoestima de su hija o que haya descargado Instagram a sus espaldas?

De ningún modo estoy insinuando que la desobediencia «no es para tanto» o que no se deba corregir. Sí hay que hacerlo. Pero la autoestima de su hija es un problema mucho mayor. Es probable que ni se haya dado cuenta, pero algunos de esos sentimientos de baja autoestima podrían haber aumentado desde que comenzó a utilizar las redes sociales. Si leyó sobre los efectos involuntarios de estas en el capítulo 5, sabrá que los problemas de autoestima son muy comunes en las chicas jóvenes que cuelgan sus esperanzas en ser aceptadas en las pantallas que llevan en sus bolsillos.

Ahora tiene una estupenda oportunidad para hablar con su hija acerca de su autoestima. Piense en ello por un momento. A la mayoría de los padres les encantaría tener una oportunidad para dialogar con sus hijas sobre el concepto que tienen de ellas mismas. Pero la mayoría de las niñas no es muy receptiva a que su mamá entre a su habitación y le pregunte: «¿Cómo te sientes contigo misma?»

Puedo imaginar su respuesta. «¿Qué? ¡Vete, mamá!»

Sin embargo en ese momento, justo después de haber sorprendido a su hija utilizando la aplicación prohibida, es mucho más probable que ella hable acerca de lo que siente con la esperanza de que usted la comprenda y le muestre misericordia.

Lea esto de nuevo: *espera que usted la comprenda.* Eso es lo que realmente ella quiere.

Así que, en este caso, escúchela y háblele acerca de su autoestima. Tal vez, pueda preguntarle: «¿Qué te parecería si saliéramos a tomar helado un día a la semana después de clases y habláramos sobre esto?»

Mi hija Alyssa escribió conmigo un libro para adolescentes, *The Teen's Guide to Face-to-Face Connections in a Screen-to-Screen World* [La guía del adolescente para establecer conexiones cara a cara en un mundo donde la conexión es pantalla a pantalla]. Ese libro habla acerca de un día en particular en el que publicó un montón de fotos con sus amigos y, después de mirarlas, pensó: *¿Son mis brazos así de grandes de verdad?* y *¿Por qué de repente parezco Jabba el Hutt?* Más tarde, en casa, vio las historias que sus amigos habían publicado en Instagram y se dio cuenta de que ella no estaba en ninguna de las fotos. Confiesa que acabó sollozando en su cama. Y ya tenía veinticuatro años. Ese fue el día en que decidió tomarse un descanso de Instagram y de toda la presión de compararse con los demás.

¿No sería genial abrir el diálogo acerca de estas cuestiones con su hija?

6. Pregunte a sus hijos qué harían ellos en su lugar

Pero ¿cómo gestionar la violación de las normas? ¿La baja autoestima es excusa suficiente para ese mal comportamiento?

Aquí tiene otra gran oportunidad para convertir este tipo de situaciones en momentos de valiosas enseñanzas. Por ejemplo, si su hija descargó Instagram sin su permiso, hágale esta pregunta: «¿Qué harías tú si *tu* hija hiciera eso? ¿Cuál sería una respuesta justa para enseñarle que actuar a tus espaldas no está bien?»

Observe con qué respuesta le sale su hija. Quién sabe, podría ser algo incluso mejor que lo que usted tenía en mente.

Elógiela por sus ideas y pensamientos.

7. Deles a sus hijos el permiso de elegir

En nuestro hipotético ejemplo, su hija rompió las normas descargando Instagram en su teléfono porque sentía que eso la haría encajar mejor y se sentiría más aceptada por sus amigos. En el momento en que se comience a sentir indefensa y un poco avergonzada (que es diferente a sentir humillación), proporciónele un poco de fuerza. Permítale que ella elija. Háblelo antes con su cónyuge, asegurándose de que ambos están de acuerdo con la elección, y luego dígaselo a su hija.

Podría decirle:

«Está bien, dejaré que escojas lo que harás a causa de tu conducta. Puedes elegir entre estas dos:

Uno: pierdes tu teléfono durante un mes y eliminas Instagram.

O dos: sigues teniendo tu teléfono, limitas Instagram a solo veinte minutos al día, y aceptas que nos reunamos cada semana para leer un libro sobre las redes sociales y la autoestima, con el fin de que puedas aprender cómo equilibrar estos sentimientos por ti misma.»

¿Qué opción elegiría su hija?

Como padre se va a encontrar con innumerables situaciones que le permitan que sus hijos tomen una decisión. En esos momentos, intente inventar una opción que incluya reglas y límites duros, y otra con normas y límites mucho más suaves combinados con un tiempo semanal para conectarse.

Sus hijos meterán la pata. Pero, cuando lo hagan, usted tendrá la oportunidad de convertirlo en un momento de enseñanza.

¿Y adivine qué?

Después de realizar todos esos pasos, a veces su hija de doce años seguirá quejándose: «¡Pero, mamá, todos mis amigos tienen Instagram! ¿Cuál es el problema? ¡Eres tan injusta!»

Es entonces cuando tiene que decir: «Aun así...».

Mi buen amigo Jim Burns, autor de innumerables libros de crianza, me enseñó eso. A veces no hay nada que uno pueda hacer. A veces sus hijos no van a estar de acuerdo con usted pase lo que pase. La vida no es justa, y eso está bien.

Entonces dígales: «Aun así... sigues sin poder mentir acerca de tu edad para tener Instagram».

Pero no salte enseguida respondiendo *aun así.* Comience con los siete consejos que acabo de comentar. Estos les darán a sus hijos una oportunidad de sentirse tenidos en cuenta y escuchados. Los siete consejos también pueden servirles para pensar en lo que han hecho y les provee la oportunidad de elegir lo que pasará después.

Practique «los siete»:

1. *Prepárese.* Sus hijos romperán las reglas, y usted se sentirá tentado a reaccionar de forma exagerada.
2. *Gane algo de tiempo.* Practique una respuesta en la que les diga a sus hijos que los ama de forma incondicional y en la que admita que necesita algo de tiempo para pensar y orar sobre la situación. Sea alguien que les dé seguridad, a quien sus hijos puedan acudir cuando metan la pata porque saben que no se volverá loco.
3. *Admita: «No tengo todo bajo control».* Ore y humíllese ante Dios. Pídale paciencia. Tómese algunas horas si lo necesita. Deje que el amor de Dios lo llene para que rebalse hacia sus hijos.
4. *Pregunte a sus hijos cuál es su versión de los hechos.* Escúchelos. Deles una oportunidad de ser oídos, tenidos en cuenta y comprendidos.
5. *Conviértase en el abogado defensor de sus hijos en secreto.* Empatice con sus hijos. Póngase en su lugar e intente ver la situación desde su perspectiva. Busque comprender su versión de la historia.
6. *Pregunte a sus hijos qué harían en su lugar.* Convierta la situación en un momento de valiosa enseñanza. Deles la oportunidad de ponerse en su lugar como padre, y considerar cómo respondería una madre o un padre amoroso en esa situación.
7. *Propóngales a sus hijos que ellos escojan.* Invente una opción que incluya reglas y límites duros, y otra con reglas y límites mucho más suaves combinados con un tiempo semanal de conexión. Deje que su hijo escoja una de estas opciones.

La corrección no tiene por qué destruir la conexión.

¿Sienten sus hijos que serán contenidos por usted a la hora de fallar?

Preguntas para el debate

1. Comparta un momento en el que corrigió a sus hijos a pesar de que no estaba preparado para hacerlo.
2. ¿Cuál de los siete consejos de Jonathan para corregir sin destruir la conexión necesita más?
3. ¿Por qué la mayoría de nosotros no practicamos el simple hábito de pausar la conversación hasta tener un tiempo para pensar y orar?
4. Jonathan confesó su necesidad de parar, orar pidiendo humildad y confiar en la fuerza de Dios para esos difíciles momentos de corrección. Honestamente, ¿ha intentado hacer eso alguna vez? ¿Lo necesita? Lea Efesios 6:4. ¿Qué piensa que les dice este pasaje a los padres? ¿Cómo se aplica eso en los momentos de corrección?
5. ¿Qué piensa sobre el consejo de Jonathan de no solo darles a sus hijos la oportunidad de contar su versión de los hechos, sino además de convertirse en secreto en su abogado defensor? ¿Cómo cambiaría eso su perspectiva?
6. Sé que esta es una pregunta complicada, pero ¿sienten sus hijos que serán comprendidos cuando fallen?

CAPÍTULO 10

Poniéndolo en práctica

Historias de la vida real de madres y padres de la generación de las pantallas

AL FINAL DE CADA UNO de mis talleres de «Padres de la generación de las pantallas», siempre reservo tiempo para que las mamás y los papás me hagan preguntas. Y hago todo lo que puedo para proporcionarles respuestas.

Algunas preguntas son bastante específicas:

- «Jonathan, ¿qué pasa con esta nueva aplicación que los adolescentes están descargando?»
- «Jonathan, ¿ha visto la nueva serie de Netflix que, según mis hijos, todo el mundo la ve?»
- «Jonathan, he intentado establecer controles parentales en el nuevo iPhone, pero ahora han hecho actualizaciones. ¿Puede ayudarme a solucionarlo?»

Una de las luchas que experimentamos cuando intentamos ayudar a nuestros hijos a interactuar sabiamente con los medios de entretenimiento es que *están en continuo cambio.* En el momento en el que uno cree entender la aplicación favorita de su hijo, surge una nueva. El día después de establecer los controles parentales en los dispositivos de sus hijos, aparece una actualización y usted tiene que volver a visitar esos controles.

Esa es una de las razones por las que es útil conectarse con otros padres que están experimentando los mismos problemas que usted afronta *hoy* como padre o madre de la generación de las pantallas. Es bueno saber que no estamos solos.

Es bueno saber que no estamos solos.

Cuando mis hijos eran adolescentes y preadolescentes, mi esposa y yo ayudábamos en la dirección de un grupo de comunión los domingos por la mañana (me atrevería a llamarlo escuela dominical) en nuestra iglesia. Tenía un nombre muy adecuado: Zona familiar. Mamás y papás que se encontraban en ese estado único de la vida (todos tenían hijos en la primaria y en la secundaria), que se reunían para darse aliento, tener comunión y ser enseñados. Cada semana un orador enseñaba sobre la fe, el matrimonio y la crianza, y luego debatíamos. Me encantaba enseñar en esa clase porque sabía que fácilmente podía arrancar la discusión aportando un caso de estudio.

Por ejemplo, yo empezaba así: «Si su hijo de dieciséis años llega un día a la casa y anuncia que ya no quiere ir más a la iglesia. Y les comenta: "La iglesia es estúpida". ¿Qué le responderían?»

O: «Si su hija, que estuvo publicando videos en YouTube, hoy les comunica que ya no quiere ir más a la escuela porque quiere ser *influencer*. ¿Qué le responderían?»

Después de compartir estas situaciones, caminaba alrededor de las mesas y escuchaba las conversaciones con disimulo. No puedo contar las veces que escuchaba: «Bueno, en realidad, el verano pasado Chris llegó a casa y nos dijo eso». Y otra persona del grupo les decía: «Taylor hizo lo mismo».

Luego oía inevitablemente: «¿Y qué hiciste?»

Es bueno saber que hay otras personas pasando por lo mismo, ¿no es cierto?

Lo más probable es que muchos de ustedes estén luchando con alguno de estos problemas:

- Soy madre soltera de dos hijos, de diez y doce años, que ya tienen teléfonos. Su padre se lo dio el año pasado, a pesar de que le dije que debería esperar.
- Nuestra hija está realmente obsesionada con las redes sociales. Es una buena niña, pero le preocupa demasiado lo que los demás opinan de ella. Las redes sociales han empeorado la situación cien veces más.
- Mi esposa y yo no les dimos pantallas a nuestros hijos, pero lo hizo su escuela. Allí los dispositivos tienen todo tipo de bloqueador de contenido, pero aprendimos por las malas que cuando encuentran la red de nuestra casa ya no existen esos bloqueadores.
- Nuestros hijos han crecido y están fuera de casa, pero ahora nuestra hija pequeña, madre soltera de veinticuatro años, está luchando con problemas personales; la estamos ayudando a criar a sus hijos en nuestra casa. Es muy difícil porque ella les permite hacer lo que quieran.
- Mi esposo y yo educamos en casa a nuestros hijos, ahora de trece, quince y dieciséis años, y tienen acceso limitado a las pantallas. Pero, recientemente, mi hija de dieciséis pasó la noche en casa de su amiga y las dos vieron…
- Mi hijo no para de jugar a videojuegos, ¡en ningún momento! Y cuando le decimos que pare siempre hace tremendo berrinche. Es insoportable.

Tal vez se identifique con uno o más de estos escenarios.

Después de haber terminado de escribir este libro, les di a mis fieles lectores una oportunidad de revisarlo como trabajo en progreso. Les pedí que por favor escribiesen comentarios, me hicieran sugerencias y me contaran historias sobre cómo se desarrollaban estos problemas en sus hogares. Cuando leí muchas de estas historias puse en contacto a ciertos padres.

«Ustedes dos deberían hablarse», les señalé. «Están atravesando exactamente lo mismo».

De hecho, incluso algunas personas de marketing me preguntaban: «¿Qué le dijo? Mi hija me comentó lo mismo el mes pasado.»

Enseguida se hizo evidente que muchos de estos problemas eran dolorosamente comunes, y que lo padres estaban desesperados por hablar con otros progenitores que estaban experimentando lo mismo. Querían preguntarles: «¿Qué hiciste?» o «¿Te funcionó?»

Por esa razón, les compartiré unas cuantas historias de padres que me escribieron. Luego yo les ofrezco un pequeño *feedback* (literalmente unas pocas frases), al final de cada historia.

¡Disfruten de la lectura!

Envidia por tener YouTube

Nuestro hijo tiene ocho años, y ya está sintiendo la presión por estar en YouTube.

Y no somos los únicos.

Rápidamente nos hicimos amigos de otras cuatro parejas de nuestra iglesia que tienen hijos de la misma edad. Nuestras familias hacen muchas cosas juntos y los niños siempre se divierten, corriendo y jugando entre ellos.

Tristemente, una de las parejas ya permite que su hijo (también de ocho años) tenga su propio teléfono. Su pasatiempo favorito es mirar videos divertidos en YouTube. Ahora, cada vez que nuestros hijos están con él, siempre lo vemos a él con su teléfono y todos los demás niños reunidos alrededor riéndose de algún video divertido.

Este niño tiene además su propia cuenta de YouTube y hace videos. Los demás niños piensan que es genial, y le dicen: «¡Wow, estás en Youtube! ¡Mira cuántos *likes* tiene ese video!»

Generalmente, se sientan y miran videos.

He visto algunos de ellos; no son malos. Pero nos dimos cuenta de dos cosas:

1. Los niños ya no quieren correr y jugar como antes. Solo quieren sentarse y mirar videos en el teléfono de este chico.

2. Todos los demás niños, incluido el mío, quieren tener un celular ahora para poder mirar YouTube. Nos piden nuestros teléfonos en cada trayecto que hacemos en el coche, e incluso quieren tener sus propias cuentas de YouTube, como este chico, para poder sumar más *likes.*

No queremos odiar a nuestros amigos, pero estamos un poco resentidos con ellos por haberle dado a su hijo un teléfono, porque verdaderamente está causando un efecto no deseado en nuestros hijos.

¿Hay algo que podamos hacer?

—Lyla.

• • •

Gracias por compartir su historia, Lyla. Sepa que no está sola. Una de las actividades favoritas de los adolescentes hoy en día es mirar videos divertidos *online*, y YouTube es su canal preferido. Es bueno que cuando los padres de hijos pequeños salen juntos se pongan de acuerdo: «No les demos teléfonos a nuestros hijos hasta que tengan al menos trece años». Eso hará que sea más fácil para todos. Pero, en esta situación particular, podrían mostrarle al chico del teléfono mucha gracia y equilibrar esos momentos con alternativas creativas. Adviértanles: «Está bien, chicos, suficiente tiempo de pantalla». Luego sugiéranles otra opción: «Vamos a hacer galletas», o «vayamos de excursión», o «fabriquen un fuerte de cojines» o «lleven a cabo cualquier otra actividad sin pantalla».

—Jonathan.

Atracón de fin de semana

«Mi esposa y yo nos iríamos el fin de semana y dejaríamos a nuestras hijas adolescentes en casa. Así que pensamos: *¿Qué podría pasar si nos vamos solo el fin de semana? ¡Ok, hagámoslo!*

Nuestras hijas, de dieciséis y dieciocho años, siempre han tenido la norma: «Nada de celulares en la habitación después de las 9.30 de la noche». Y siempre cargan los teléfonos en nuestra habitación. Hace poco, nuestra hija de dieciséis años nos dio las gracias por eso, porque le permite pintar y hacer actividades artísticas. También le proporciona una excusa para terminar las conversaciones y evitar la presión social, ya que puede replicarles: «Mis padres me hacen dejar el teléfono a las 9.30 de la noche».

Mi esposa y yo nos íbamos a ir de viaje de fin de semana, así que decidimos dejar a nuestras hijas en casa porque se habían ganado nuestra confianza. Pusimos a cargo a la de dieciocho y le quitamos la restricción de límite de pantalla a la de dieciséis, que había argumentado que necesitaba tener acceso a nosotros las veinticuatro horas por si había alguna emergencia, en caso de que su hermana no estuviera cerca. Estuvimos de acuerdo porque, con sinceridad, ella es una adolescente increíblemente responsable.

Todo parecía andar bien, pero cuando regresamos a casa nuestra hija de dieciséis actuaba de forma peculiar. No era nada en concreto, solo que se esforzaba por mostrarse agradable con nosotros. Yo estaba haciendo todo lo posible por no preguntarle: «¿Qué ha pasado aquí?»

Aquella noche, ella se acercó a nuestro dormitorio y comenzó a hablarnos. Nunca lo hace. Pero pronto nos confesó que tenía un novio y nos preguntaba si podía tener una cita con él.

Eso era algo completamente fuera de lo normal porque, literalmente, el fin de semana anterior nos había dicho lo mucho que estaba disfrutando de la escuela, del grupo de jóvenes y de sus amigos, y que ni siquiera sentía la necesidad de tener un novio en la secundaria.

Nos parecía estar hablando con una chica diferente.

Yo estaba exhausto, así que le dije: «Oye, esto es mucho para pensarlo ahora. ¿Te parece que hablemos sobre esto mañana?»

Estuvo de acuerdo y se fue acostar.

Cuando me metí en la cama, no podía dejar de pensar: *¿Qué ha ocurrido?* Entonces me di cuenta de que su celular estaba justo ahí, a unos diez pasos de donde yo estaba acostado.

Siempre me he reservado el derecho de mirar su teléfono; tengo sus contraseñas, y solía curiosearlo bastante cuando ella era más pequeña. Pero, honestamente, no lo había hecho durante el último año.

Aquella noche lo hice. Los mensajes eran normales.

Las publicaciones de Insta eran normales.

Snapchat. Quién sabe. (Odio esa aplicación).

Pero entonces recordé sus mensajes privados de Instagram.

¡Ahí estaban!

El viernes por la noche había tenido una larga conversación privada con un chico al que yo nunca había conocido, llamado Cody. Habían comenzado a escribirse después del colegio, y la conversación siguió. Era hasta casi aburrida. «Sí, odio la clase de francés», «Nunca he estado en otro país», y todo eso. Entonces noté que la conversación de repente había cambiado. Comenzaron a hablar sobre citas en general. Luego: «La verdad es que me gustas mucho», y pronto: «Creo que deberíamos tener una cita».

Nada de fotos de desnudos, nada de conversación inapropiada... Y entonces me di cuenta de la hora.

2:17 de la madrugada.

2:37 de la madrugada.

2:57 de la madrugada.

Habían continuado «charlando» hasta casi las 3:00 de la madrugada y se detuvieron justo antes de decirse «te quiero» el uno al otro. Todos mensajes a altas horas de la noche cuando estaban cansados y envueltos por la emoción.

Al día siguiente le pregunté a mi hija: «¿A qué hora tuvieron Cody y tú esa conversación acerca de tener una cita?»

Su cara lo expresó todo. Inmediatamente comenzó a poner excusas: «Sé que estuvimos hablando hasta tarde, y que debería haberme ido a la cama, pero ustedes no estaban, y ni siquiera lo pensé... bla bla bla».

Pasaron uno o dos días, y ya ella no estaba tan interesada en ese chico ni él en ella. Al parecer solo fue una conversación emocional a altas horas de la noche, que ni siquiera querían tener una vez que se vieron en la vida real.

Desde entonces, ha estado un poco más diligente y dispuesta a darnos su teléfono por las noches. Siento como si casi me hubiera dicho: «Llévatelo, no quiero hacer nada estúpido».

La próxima vez, lo más probable es que lo pensemos dos veces antes de dejar a las chicas solas.

—Rick.

• • •

Gracias por compartirnos su historia, Rick. Puedo contarle veinte historias de cosas estúpidas que hice cuando tenía quince, dieciséis y diecisiete años; todas cuando mis padres estaban fuera de la ciudad. La buena noticia es que parece que su hija aprendió de su experiencia. Es como siempre comento: «La mayoría de nosotros no toma buenas decisiones después de las 11:00 de la noche».

—Jonathan.

Conversaciones parabrisas

Mi hijo de dieciséis años y yo tenemos una regla para cuando vamos en el auto, en especial de camino a la escuela: «Los viajes en auto son para conversar». Sin pantallas, ni radio, ni auriculares.

Lo mismo hago yo. No respondo el teléfono cuando mi hijo va conmigo en el auto.

Me alegra que aceptara esta regla cuando era pequeño, porque es como si nunca hubiera conocido algo diferente. Así que cuando lo recojo de la escuela simplemente comienza a hablar. Sabe que es *su* momento. Le gusta que lo escuche.

A veces no pronuncio ni una sola palabra en el camino a casa y después, cuando se baja del auto, me lanza un: «Buena charla contigo, papá».

He oído a la gente decir que los hombres prefieren no mirarse a los ojos cuando hablan. Conversan más cuando están mirando hacia adelante, haciendo otra cosa. No tengo ni idea de si es cierto. Lo único que sé es que cuando estamos en el auto... hablamos.

Sin quejas.

—James.

• • •

Eso es asombroso, James. Nos hará sentir celos a muchos de nosotros. Me encanta que haya establecido esa regla cuando su hijo era pequeño y hayan construido buenos hábitos. Son escasos los buenos oyentes hoy en día. Una vez que un hijo prueba lo que es que su papá lo escuche sabe que siempre podrá contar con ello. ¡Siga adelante con ese excelente trabajo!

—Jonathan.

Estrella de video

Hace cuatro años que mi hija adquirió su celular, y nunca habíamos tenido problema alguno hasta ahora. Después de mucha deliberación, le permití que abriera una cuenta en TikTok. Pero me arrepentiré de eso toda la vida.

Dos semanas después, comenzamos a notar un cambio. Se esfumaba a su habitación; a continuación la oíamos entonar canciones, muchas de ellas con letras groseras; y después comenzó a vestirse (o como quiera que se diga) *más sexy.* Finalmente la confronté y no reaccionó nada bien.

Pasaron dos semanas más, y notamos más de lo mismo. Hablé de nuevo con ella. Nada.

Ya han transcurrido cinco semanas. Ni siquiera reconozco ya a mi pequeña niña. Se comporta mal y tiene arrebatos. De hecho, puedo ver síntomas físicos de estrés que se manifiestan a tal grado que he tenido que hacer algo que jamás había imaginado antes. Eché un vistazo a su teléfono. No podía creer lo que vi.

Estaba mandando a sus amigos mensajes con enlaces a videos de TikTok que ella había grabado. Las letras y el contenido eran espeluznantes.

De modo que ahora me encuentro en un callejón sin salida. No responde a ninguna de mis conversaciones. Me pregunto si debería limitarle las redes sociales, prohibirle TikTok concretamente o confiscarle el teléfono por completo.

Acabo de leer su capítulo sobre corregir sin destruir la conexión. Hoy probaré los siete consejos.

¡Agradecería sus oraciones!

—Jessica.

• • •

Gracias por compartir su historia, Jessica. Ojalá pudiera decirle que esto es poco común, pero con toda sinceridad ya ni siquiera me sorprendo cuando oigo historias como esta, en particular cuando uno ve constantemente la presión que las redes sociales ejercen sobre los adolescentes, y de manera especial sobre las chicas. Espero que los siete consejos la ayuden a conectarse con ella. Estamos todos orando por usted para que continúe respondiéndole con gracia y con la verdad.

—Jonathan.

Acaparador de datos

El año pasado mi esposa y yo nos mudamos a una zona rural donde no había ninguna conexión decente a Internet. Después de casi un mes de búsqueda, terminé encontrando un proveedor de Internet que ofrecía un plan escalonado que solo era suficientemente fiable con una gran cantidad gigabytes de datos. Cuando se consumían, bajaba al siguiente escalón que era más lento. Bien, no tuvimos ningún problema con eso hasta que mi hijo de dieciocho años se trasladó de nuevo a nuestra casa.

Solo había estado en casa cuatro días, cuando de repente comenzamos a ver Netflix con una resolución extremadamente lenta, con píxeles del tamaño de una caja de pizza. Logré averiguar que él había estado jugando en internet cada noche desde que se mudó. En solo tres días gastó el valor de todo un mes de internet de alta velocidad.

Por supuesto, cuando le pregunté sobre el tema me contestó: «¿Qué? Eso es una estupidez. ¿Por qué no tienes una conexión a internet más veloz?»

Traté de explicárselo, pero no estaba interesado en comprenderlo.

Al mes siguiente lo hizo de nuevo: gastó en dos días los datos que la empresa nos permitía utilizar. Esta vez ni siquiera le comenté nada. Me limité a cambiar la contraseña. A las diez de la noche golpearon la puerta de mi dormitorio.

Oh, ahora estás preparado para hablar, ¿verdad?, pensé.

—Robert.

• • •

Ja. Bueno, Robert, desde luego el de usted es un buen testimonio que nos muestra que criar a hijos adultos nunca es fácil. (Tengo tres). Según sus documentos, son adultos que pueden vivir de forma legal por su cuenta pero, a veces, en su madurez siguen siendo niños a los que les falta experiencia en el mundo real del «adulto». Criar a hijos adultos exige más *entrenamiento* que *educación.* No puede uno decirle a su hijo de dieciocho años cómo vivir su vida. Al mismo tiempo, eso no quiere decir que uno le dará todo cuanto quiera. Debemos equilibrar la verdad con sonrisas, y decirles a nuestros hijos adultos que los amamos. En su caso, esto podría significar que le tenga que señalar: «¡Paga tu propio servicio de internet, acaparador de datos!»

—Jonathan.

Fomente el amor

Soy un abogado especializado nombrado por la corte [Court Appointed Special Advocate (CASA en inglés)], voluntario, quien se asegura de que los niños y los jóvenes del sistema de adopción tengan voz, y que disfruten de los servicios que necesitan para tener un futuro estable. Coincidí con una familia el año pasado que había adoptado a tres hermanos de cinco, seis y ocho años. Y, créanme, estos niños tenían mucha energía.

La primera vez que los recogí para llevarlos a una clase de natación, repararon en la gran pantalla que tenía en mi auto. Los tres gritaron: «¡Wow, mira esa pantalla!» Y, sin pensarlo siquiera, comenzaron a apretar los botones.

Me llevó una hora deshacer lo que habían hecho.

La primera vez que saqué mi celular para anotar una cita en mi calendario hicieron lo mismo.

«¡Genial! Un iPhone. ¿Podemos verlo? ¡Por favoooor!» Y no paraban.

Conclusión: *¡A estos chicos les encantan las pantallas!*

Cada vez que estoy con ellos me suplican jugar con una pantalla.

Una vez que les saqué una foto, los tres comenzaron a preguntar: «¿Podemos verla? ¿Por favooooor?» Me cansé de responderles que no, de modo que la vez siguiente que les tomé una, les pregunté: «¿Quieren verla?»

«¡Sí! ¡Sí! ¡Sí!»

De manera que no solo les enseñé la foto que acababa de tomar sino también mis otras fotos.

Pronto comenzaron a hacerme preguntas acerca de ellas: «¿Ese es tu perro? ¿Cómo se llama? ¿Qué tipo de perro es?»

Y eso me llevó a preguntarles: «¿Tienen un perro? ¿De qué raza? ¿Cuál es su mascota favorita? ¿La cuidan? ¿Tendrán mascotas cuando crezcan? ¿De qué tipo?»

Rápidamente me di cuenta de algo: Las fotos crean conversaciones.

Ahora tomo muchas más fotos.

—Tim.

• • •

Usted es un buen hombre, Tim. Los adolescentes de hoy necesitan con desesperación líderes positivos. Gracias por ayudar a los niños del sistema de adopción. Me alegra que descubriera una manera de utilizar las pantallas para catalizar conversaciones. Buen consejo.

—Jonathan.

Decir que sí

«¿Alguna vez se ha dado cuenta de cuán a menudo los padres decimos que no? Tal vez solo yo lo percibo, pero comencé a percatarme de que les decía que no a mis hijos media docena de veces al día.

«Papá, ¿puedo ver la tele?»

«No».

«Papá, ¿puedo comer helado?»

«No».

«Papá, ¿puedo quedarme jugando a los videojuegos?»

«No».

Estaba cansado de ser el malo. Así que comencé a reformular mis respuestas para que mis hijos escucharan más el sí que el no.

Por ejemplo, si estaba hablando con mi esposa y mis hijos nos interrumpían, en lugar de decirles: «No puedo hablar ahora», les señalaba: «Estaré encantado de hablar con ustedes tan pronto como acabe de conversar con mami».

O si alguno de mis hijos me preguntaba: «Papá, ¿puedo ir a dormir a la casa de mi amigo?» En lugar de decirle: «No. ¡Vete a la cama!», le contestaba: «Desde luego que puedes ir a la casa de tu amigo algún día del fin de semana. ¿O te gustaría que tu amigo viniera este fin de semana a casa?»

Esto me exigió mucha práctica, pero me di cuenta de que mis hijos se sentían menos apagados.

—George.»

• • •

Gracias, George. Ese es un consejo sólido. Es una gran forma de enfocarse en la conexión más que en la corrección. Siga actuando así.

—Jonathan.

¿Educación a distancia?

Parecía que las pantallas en nuestra casa estaban bajo control hasta el año 2020, cuando nuestro país lo cerró todo. Ya apenas salíamos de casa mi hijo tenía que seguir su educación a distancia.

Sin ninguna de sus actividades normales, mi hijo de ocho años recurrió a las pantallas. Eso exigió mucha más atención de mi esposo y de mí, porque no sabíamos nada sobre la mitad de los juegos a los que él quería jugar.

Luego de leer una reseña en PluggedIn.com de uno de sus juegos, lo bloqueamos. Pero eso no impidió que abriera YouTube y viera videos de otros que jugaban. Comenzamos a notar que decía palabrotas y descubrimos que las estaba aprendiendo de esos videojuegos. (YouTube definitivamente no es para niños de ocho años). Y en verdad eso se volvió muy difícil de monitorear. Se suponía que estaba haciendo las tareas de la escuela, pero abría YouTube. Tratamos de configurar algunos controles parentales, pero los desviaba. Así que intentamos estar en la habitación cuando él estaba haciendo sus tareas escolares. Pero ¿saben cuánto tiempo supone eso cada día? Demasiado tiempo de estar en su habitación. Y, con sinceridad, a veces no nos dábamos cuenta de la diferencia entre sus juegos de matemáticas online y otros tipos de juegos.

¡Odio las pantallas!

—Alyssa.

• • •

Gracias, Alyssa. No es la única que se siente frustrada con la educación a distancia. Queremos que nuestros hijos tengan acceso ilimitado a la educación, pero es complicado evitar que eso se convierta en un acceso ilimitado a cualquier otra cosa. *Suspiro*. Algo que puede hacer es sencillamente bloquear YouTube de sus dispositivos. Estoy de acuerdo con usted: YouTube no es en modo alguno para niños de ocho años. Así que bloquéelo por completo.

—Jonathan.

Solo

Pude verme reflejado cuando Jonathan escribió sobre ese grupo de chicos de primaria que tenían celular, todos y cada uno de ellos.

Mi hijo de doce años (casi trece) es verdaderamente el único de sus amigos del colegio que no tiene un teléfono.

Este año ninguno de sus amigos íntimos tenía las mismas clases que él, pero era positivo porque al menos los vería en el almuerzo, y se sentaría y hablaría con ellos. Después de una semana o algo así, le pregunté si al menos estaba disfrutando de conversar con sus amigos en la comida, y con cara de desilusión me contestó: «En realidad, no».

Cuando le pregunté por qué, me respondió: «Todos están absortos con sus teléfonos todo el tiempo». Así es como supe que todos sus compañeros de clase tenían celular, y que tenían permiso para usarlo durante el tiempo del almuerzo sin restricción alguna.

Jonathan tiene razón. La presión está allí. Ha sido muy difícil *no* darle un teléfono a mi hijo. Mi esposa y yo le regalaremos uno cuando tenga trece en unos pocos meses. De hecho ahora estamos leyendo uno de los libros que usted escribió, Jonathan: *Teen's Guide* [Guía del adolescente], para prepararlo para enfrentar esa responsabilidad.

—Jake.

• • •

Gracias, Jake. La lucha es real. El mundo está presionando a los niños para que posean pantallas a una edad ridículamente baja. Me alegra que estén preparando a su hijo para esa responsabilidad. Hágame saber si esas preguntas del debate al final de cada capítulo de mi libro *Teen's Guide* [Guía del adolescente] le son útiles.

—Jonathan.

Pantallas a escondidas

Mis hijos viven detrás de las pantallas. Bloqueo una y ellos encuentran otra. El otro día estuvieron viendo la tele por un rato, así que les dije que habían tenido suficiente pantalla por ese día. Después de unas dos horas de tarea doméstica, me di cuenta de que mi hija de once años había desaparecido. Fui a buscarla y la encontré escondida en el sótano jugando a Roblox en uno de nuestros viejos teléfonos. (Ni siquiera sabíamos que el teléfono seguía existiendo). Se lo quité y le hablé acerca de hacer cosas a escondidas; le dije que no estaba bien. Y después, aquella misma noche —no miento—, fui a su habitación y la sorprendí bajo las sábanas jugando al mismo juego en su computadora portátil.

No reaccioné muy bien.

«¿Cuántas pantallas hay en esta casa?»

Tristemente, ella no es la única. Pillé a su hermana mayor con su teléfono entre la una y las dos de la madrugada varias veces. Así que decidimos quitarles las pantallas y, más adelante, cuando se las volvimos a dar los problemas se produjeron de nuevo.

Me estoy dando cuenta de que soy reactiva. Este libro me está impulsando a ser más proactiva. ¡Gracias por el consejo!

—Lindsey.

• • •

Lindsey, lamento mucho oír que sus hijas están superando los límites. Eso no es fácil de gestionar. Pero la animo a hacer exactamente lo que escribió; a ser más proactiva. Hable con sus hijas acerca de la razón subyacente a las normas. No les quite las pantallas sin más. Enséñeles por qué no quiere que estén con las pantallas a la 1:00 de la madrugada. Ayúdelas a comprender, a fin de que estén preparadas luego para tomar esas decisiones ellas mismas.

—Jonathan.

Primero conexión, después corrección

Mi hija Willow ha estado con su pantalla un poco más de lo habitual estos días. Por lo general viene mostrando una responsabilidad asombrosa. Pero de vez en cuando necesita un recordatorio para que alce la vista por encima de ese pequeño dispositivo distractor, y que disfrute del mundo que la rodea.

La semana pasada decidí hablar con ella, y como acababa de leer su libro pensé que debía probar los cinco pasos de la conexión antes de la corrección. Después de todo, parecían muy buenas ideas.

Así que seguí al pie de la letra lo que usted aconseja. Cuando encontraba una parte especialmente informativa del libro, me sentaba con ella y compartía algunos de los datos reveladores que allí se mencionan. Luego le preguntaba a ella qué pensaba, y se armaba un debate fascinante.

Entonces ella me aseguró: «Papá, yo no soy como los demás niños que están ahí con sus celulares». Fue imposible no preguntarme: *¿Me está tranquilizando a mí o a sí misma?*

Coincidí con ella. Y esa conversación abrió aún más debates.

Uno de los mayores retos para ella es no tener el teléfono en su habitación. Es como usted menciona: «Papá, tooooodos mis amigos tienen teléfonos en su habitación».

Así que no puse ninguna regla todavía. Aún es un debate abierto. Pero, sobre todo, estoy muy feliz por su actitud con respecto al teléfono.

—Joel.

• • •

Joel, Willow parece una chica asombrosa. Parece que verdaderamente usted ha creado un clima de conversación relajada en su hogar. Siga haciendo ese buen trabajo. (Y, como dice nuestro amigo Jim Burns: «Aun así», saque ese teléfono del dormitorio).

—Jonathan.

Obsesionada

Nuestra hija de sexto grado recibió un *smartphone* el año pasado por su cumpleaños. Pensamos que era una buena idea, ya que comenzó a jugar al voleibol y creímos que sería bueno para que nos escribiera cuando terminaba el entrenamiento. Poco imaginábamos que nuestra dulce hija se volvería una *obsesiva* de ese teléfono, ¡y que cualquier petición de que lo soltara sería una tortura! No tiene permiso para estar en las redes sociales, ¡pero aplicaciones como YouTube y Roblox la consumen! ¡Lejos quedan los días en los que saltaba en su trampolín o nadaba en su piscina! Padres, ¡no cometan el mismo error que nosotros!

—Kelly.

• • •

Kelly, realmente no puedo discutir con usted. Estoy de acuerdo. Mirar en retrospectiva es tener una visión perfecta. Gracias por su vulnerabilidad y por admitir que está repensando esa decisión. Estoy de acuerdo en que sexto grado es demasiado temprano para darles a los niños un teléfono. Pero no se puede volver a meter la pasta de dientes en el tubo. De modo que intente lo que recomendé anteriormente en el libro. Acorte el tiempo de uso de ese teléfono al máximo, y busque puntos de conexión con su hija para que experimente el placer del contacto cara a cara en un mundo donde el contacto es pantalla a pantalla.

—Jonathan.

Preguntas para el debate

1. ¿Con cuál de estas historias de padres se identifica más? ¿Por qué?
2. ¿Qué historia es la que más necesitaba oír? ¿Por qué?
3. ¿Qué historia parental compartiría con Jonathan? ¿Qué hace que su historia sea parecida, o diferente, a las historias de este capítulo?
4. Cuando considera las historias de este capítulo, ¿cuál de sus prácticas de crianza cree que necesitaría modificar?
5. ¿Puede ayudar leer historias acerca de otros niños que se comportan mal a evitar que usted reaccione exageradamente con sus hijos?
6. ¿De qué modo pueden orar por usted otras personas, como padre de la generación de las pantallas?
7. ¿Cómo pueden ayudarlo los demás?

CAPÍTULO 11

Hora de comer una pizza

Compártales el plan que tiene sobre cómo convertirse en una familia sabia con respecto a las pantallas

ES EL MOMENTO. A lo largo de este libro he repetido este consejo: *Retrase la corrección y la toma de decisiones. De hecho, aléjese. No se apresure a establecer límites o a imponer una decisión en ese momento. Dígales a sus hijos que necesita tiempo para pensar y orar acerca del tema.*

La demora puede ser complicada. ¡Sé que por mi personalidad deseo *solucionar el problema ahora mismo*! No quiero esperar. Pero resolver los problemas relacionados con las pantallas no es una hazaña que un padre pueda lograr en una noche. Como mencioné en todo libro, el primer paso para solucionar este asunto es escuchar a nuestros hijos y hacerlos sentir atendidos, oídos y amados.

Si usted lo ha intentado (escuchando, atendiendo, valorando, siendo considerado, estando presente), ha asfaltado el camino para esa salida a comer pizza en la que se discutirán reglas razonables. Si consigue realizar «la parte difícil» de escuchar a sus hijos y hacerlos sentir comprendidos, respetarán sus reglas mucho más que si lo ven como alguien autoritario, frío y distante.

La conexión asfalta el camino para *la corrección.*

Por lo tanto, si ha probado los cinco pasos expuestos en este libro, ya ha creado un clima de conversación relajada en su hogar. Concretamente, ha hecho lo siguiente:

1. Ha establecido una reunión familiar, ha abierto la puerta al diálogo, haciendo preguntas divertidas para ayudar a sus hijos a que se sientan seguros de abrirse.
2. Ha mencionado asuntos sobre las pantallas a sus hijos, leyéndoles un párrafo o estudio destacable de este libro, pidiéndoles sus opiniones, y después los ha escuchado y les ha formulado preguntas en lugar de sermonearlos.
3. Ha practicado la empatía, poniéndose en el lugar de ellos y tratando de comprender sus puntos de vista y sentimientos sin criticar sus respuestas.
4. Les ha preguntado: «¿Qué les parece mejor? ¿Cómo resolverían este problema en cuestión?»
5. Ha retrasado la corrección o la toma de decisiones, dejando tiempo para pensar y orar sobre la situación en vez de apresurarse a establecer límites o imponer una decisión en ese momento.

Puede que incluso haya comenzado a conectar con sus hijos de forma regular para hablar acerca de cómo ser sabios con las pantallas, leer juntos un libro y dialogar de lo que han leído. Eso puede ser útil poque los adolescentes a menudo están más abiertos a cambiar algunos de sus hábitos si escuchan el consejo de un experto fuera de casa.

Pero, finalmente, usted (padre o madre) deberá tomar algunas decisiones. Debe responder a las grandes preguntas que su hijo le hace:

«¿Puedo tener un teléfono? Todos mis amigos tienen uno.»

«¿Por qué no puedo llevar mi celular a mi habitación? Lo necesito como despertador.»

«¿Por qué te importa tanto cuánto tiempo paso jugando a mis videojuegos? ¡Algún día ganaré dinero haciendo esto!»

«¿Qué hay de malo en mirar un puñado de videos estúpidos en YouTube? No es para tanto.»

Es hora de que establezca una fecha para hablar de verdad con sus hijos sobre lo que ha leído en este libro y tomar algunas decisiones finales sobre las pantallas.

Avíseles con antelación: «Este jueves saldremos a comer una pizza para hablar acerca de cómo podemos ser sabios con las pantallas en casa».

Y allí es donde trazará el plan. Y el mejor consejo que le puedo dar es este: sea simple. He visto algunos contratos muy detallados con respecto a las pantallas, con treinta normas y consecuencias específicas para cada una de ellas. No estoy criticando esos contratos; solo que hay demasiado que recordar *y demasiado que hacer cumplir.* No se predisponga usted (y a sus hijos) al fracaso.

Los límites de tiempo de pantalla que les imponga a sus hijos irán variando con la edad. Si tiene hijos pequeños, sea más estricto y permítales menos tiempo de pantalla. La bomba más grande que les lanzará a sus hijos pequeños es esta: «Nada de celulares ni redes sociales hasta que cumplas trece o catorce años *y* hayas leído un libro acerca de cómo ser sabio en el uso de las mismas. Recuerda que no puedes conducir un auto hasta que hayas leído el manual y haberte sometido al examen de conducir.»

Si sus hijos son adolescentes debe que recordar que están empezando a descubrir su independencia. En realidad eso es algo bueno, porque no querrá tenerlos desempleados y viviendo en su sótano a los treinta. Por lo tanto, con los adolescentes tenga normas más sencillas, junto con oportunidades para que se ganen su confianza. Tal vez puede permitir que su hijo de quince años tenga Instagram aunque a usted no le guste. Elija las batallas.

Quizás puede sacar algunas directivas del capítulo 6, donde recomiendo una lista de tiempo de pantallas para los diversos grupos etarios. Por ejemplo si sus hijos ya son adolescentes (de trece años en adelante) y tienen sus propios aparatos, las reglas para ellos podrían ser algo así como:

1. No lleves tus pantallas al dormitorio por la noche. Punto.
2. Apaga tus pantallas una hora antes de acostarte.

3. Limita las redes sociales a una o dos horas por día.
4. Configura tus perfiles de las redes sociales en *privado*, aunque quieras ser *influencer.* (Considere permitirle tal vez que sus hijos de dieciséis o diecisiete años tengan más libertad en este ámbito para que aprendan a reconocer las conductas depredadoras y navegar por esos paisajes peligrosos antes de volar solos.)
5. Respeta las zonas sin tecnología, como la mesa de comer o las áreas designadas para la lectura.
6. No te pongas auriculares en casa.

No son más que seis normas. No está mal. Evite añadir más reglas o límites de tiempo de pantalla a menos que la conducta de sus hijos entre en una espiral y empiece a salirse de control. Estarán encantados con solo seis reglas. Simplemente, coménteselos: «Si detectamos otras actividades de pantalla que perjudican las relaciones, las notas o el ejercicio, añadiremos algunos límites razonables que los ayuden a mantener un equilibrio saludable».

Incluso podría preguntarles: «¿Cuáles creen ustedes que pueden ser esas conductas fuera de equilibrio?» Eso los ayudará a reflexionar acerca de los comportamientos que quieren evitar, como jugar a videojuegos durante diez horas seguidas.

Una vez establecidas las reglas, también puede establecer controles parentales para filtrar el contenido. Utilice la misma clasificación por edades que hay en Netflix, así como filtros de contenidos en sus celulares y computadoras. Pero recuerde: los filtros no son reglas.

Si sus hijos se resisten a cualquiera de esos límites, recuerde el consejo de presentarles una elección entre dos alternativas. Eso les proporcionará la oportunidad de ponerse a prueba. Por ejemplo, si escoge limitarles las redes sociales a una hora y su hija lo objeta con todas sus fuerzas, considere darle a elegir:

> «¿Qué prefieres? Podemos mantener el límite de una hora al día, o puedes aumentar el límite a noventa minutos al día pero

tú y yo continuaremos reuniéndonos cada semana, como hicimos cuando obtuviste tu primer teléfono. Esta vez leeremos un nuevo libro juntas.»

Independientemente de las normas que decida, recuerde mantener la puerta abierta al diálogo. Eso no significa que cederá terreno ante sus hijos. Si ellos están en total desacuerdo con sus reglas lo único que le queda por concluir es: «No obstante, estas son las normas».

Independientemente de las normas que decida, recuerde mantener la puerta abierta al diálogo.

Pero las conversaciones pavimentarán el camino para facilitar un poco el camino hacia las pantallas. Lo que usted invierta en escuchar, enfatizar, validar y estar presente en la vida de sus hijos hará que esa salida a comer pizza sea menos dolorosa.

Primero conexión, después corrección.

Amor antes que límites.

Vinculación afectiva antes que barreras.

Es innegable que las pantallas han dificultado más la crianza de los hijos. Pero su amor, su paciencia, la humildad que Dios le ha dado y sus esfuerzos continuados por buscar sabiduría en los demás a la hora de criarlos lo ayudarán a prepararlos para ser sabios con respecto a las pantallas, mientras van descubriendo su propia independencia. Después de todo, algún día terminará «dándoles las llaves».

¿Los está preparando para ese día?

Preguntas para el debate

1. ¿Cuál es su lugar favorito para comer pizza? (seamos sinceros, ¡la pizza es el maná del cielo!)

2. En todo el libro, Jonathan nos alienta a que retrasemos esa «salida» a comer pizza, hasta sentarnos finalmente con nuestros hijos y

presentarles las expectativas que tenemos con respecto a las pantallas en el hogar. ¿Cuáles son algunas de esas expectativas o reglas que usted piensa exponer en esa reunión?

3. ¿Cuál es la regla que cree que sus hijos podrían discutirle más?
4. ¿Cuál es la regla que no está seguro de ponerles?
5. ¿Cómo iniciará la reunión familiar?
6. ¿Cómo la acabará?
7. ¿Cómo ajustará esas normas a medida que sus hijos vayan creciendo, de manera que estén preparados para abandonar el hogar?

Notas

CAPÍTULO 1: NADIE ME HABLÓ ACERCA DE ESTO

1. Victoria Rideout and Michael B. Robb, *The Common-Sense Census: Media Use by Teens and Tweens, 2019* (San Francisco: Common Sense Media, 2019), 5, https://www.commonsensemedia.org/sites/default/files/uploads/research/2019-census-8-to-18-full-report-updated.pdf.
2. Social Media, Social Life: "Teens Reveal Their Experiences", Common Sense Media, 10 de septiembre 2018, https://www.commonsensemedia.org/social-media-social-life-infographic.
3. Del estudio realizado del 7 de marzo al 10 de abril de 2018, en Monica Anderson y Jinghing Hiang, *Teens, Social Media and Technology 2018* (Washington, DC: Pew Research Center, 2018), 2, https://www.pewresearch.org/internet/2018/05/31/teens-social-media-technology-2018/.
4. Morning Consult, *The Influencer Report: Engaging Gen Z and Millennials*, citado en Sarah Min, "86% of Young Aericfans Want to Become a Social Media Influencer", CBS News, 8 de noviembre 2019, https://cbsnews.com/news/social-media-influencers-86-of-young-americans-want-to-become-one.
5. Jean M. Twenge, "Have Smartphones Destroyed a Generation?," *Atlantic*, septiembre 2017, https://www.theatlantic.com/magazine/archive/2017/09/has-the-smartphone-destroyed-a-generation/534198/.
6. Rideout an Robb, *The Common-Sense Census*, 3.
7. Michael B. Robb, *Screens and Sleep: The New Normal; Parents, Teens, Screens, and Sleep in the United States* (San Francisco, Common Sense Media, 2019), 26, https://www.commonsensemedia.org/sites/defaulta/files/uploads/research/2019-new-normal-parents-teens-screens-and-sleep-united-states-report.pdf.

CAPÍTULO 2: PRIMERO CONEXIÓN, DESPUÉS CORRECCIÓN

8. Candice L. Odgers and Michael B. Robb, *Tweens, Teens, Tech, and Mental Health: Coming of Age in an Increasingly Digital, Uncertain, and Unequal World 2020* (San Francisco: Common Sense Media, 2020), 13, https://www.commonsensemedia.org/sites/default/files/uploads/pdfs/tweens-teens-tech-and-mental-health-full-report-final-for-web1.pdf.

CAPÍTULO 3: ¿A QUÉ EDAD?

9. "Social Media, Social Life: Teens Reveal Their Experiences", Common Sense Media, 10 septiembre 2018, http://www.commonsensemedia.org/social.media-social-life-infographic.
10. Emily Retter, "Billionaire Tech Mogul Bill Gates Reveals He Banned His Children from Mobile Phones until They Turned 14", *Mirror,* 21 de abril 2017, http://www.mirror.co.uk/tech/billionaire-tech-mogul-bill-gates-10265298
11. Brian X. Chen, "What's the Right Age for a Child to Get a Smartphone?," *New York Times,* 20 de julio 2016, https://www.nytimes.com/2016/07/21/techonology/ersonaltech/whats-the-right-age-to-give-a-child-a-smartphone.html.
12. Greg Lukianoff, Adam Goldstein, and Pamela Paresky, "Catching Up with 'Coddling? Part Two: Trigger Warnings, Screen Time v. Social Media, COVID-19 and the Continuing Decline of Gen Z's Mental Health," FIRE, 12 de mayo 2020, https//www.thefire.org/catching-up-with-coddling-part-two-trigger-warnings-screen-time-v-social-media-covid-19-and-the-continuing-decline-of-gen-zs-mental-health/.
13. Chen, "What's the Right Age?"
14. Chen, "What's the Right Age?"
15. Simon Sinek, *This Addiction Is Ruining the Upcoming Generation* (YouTube video), InnerLight Media, 13 de diciembre 2018.
16. Tristan Harris, entrevistado or Christophe Haubursin en *It's Not You. Phones Are Designed to Be Addicting* (video), Vox, 27 de febrero 2018, https://www.vox.com/2018/2/27/17053758/phone-addictive-design-google-apple.
17. Candice L. Odgers and Michael B. Robb, *Tweens, Teens, Tech, and Mental Health: Coming of Age in an Increasingly Digital, Uncertain, and Unequal World 2020* (San Francisco: Common Sense Media, 2020), 13, https://www.commonsensemedia.org/sites/default/files/uploads/pdfs/tweens-tens-tech-and-mental-health-full-report-final-for-web1.pdf.

18. Federal Trade Commission, "Children's Online Privacy Protection Rule ('COPPA')" 16 CFR Part 312, https://www.ftc.gov/enforcement/rules/rulemaking-regulatory-reform-proceedings/children-online-privacy-protection-rule; ver también Federal Trade Commission, "Complying with COPPA: Frequently Asked Questions", https://www.ftc.gov/tips-advice/vusiness-center/guidance/complying-cppa-frequently-asked-questions-0.
19. Nellie Bowles, "A Dark Consensus about Screens and Kids Begins to Emerge in Silicon Valley", *New York Times,* 26 de octubre 2018, https://www.nytimes.com/2018/10/26/style/hones-children-silicon-valley.html.
20. Bowles, "A Dark Consensus".

CAPÍTULO 4: «MAMÁ, ¿PUEDO LLEVARME EL TELÉFONO A MI HABITACIÓN?»

21. Adam Winsler et al., "Sleepless in Fairfax: The Difference One More Hour of Sleep Can Make for Teen Hopelessness, Suicidal Ideation, and Substance Use," *Journal of Youth and Adolescence* 44, no. 2 (Feb. 2015): 362–78.
22. American Academy of Pediatrics recommendations, in Victor C. Strasburger et al., "Sexuality, Contraception, and the Media," *Pediatrics* 126, no. 3 (sept. 2010): 576–82, https://pediatrics.aappublications.org/content/126/3/576.full.
23. Megan A. Moreno, Yolanda Reid Chassiakos, and Corinn Cross, "Media Use in School-Aged Children and Adolescents," *Pediatrics* 138, no. 5 (Nov. 2016), https://pediatrics.aappublications.org/content/138/5/e20162592.
24. Michael B. Robb, *Screens and Sleep: The New Normal; Parents, Teens, Screens, and Sleep in the United States* (San Francisco, Common Sense Media, 2019), 26, https://www.commonsensemedia.org/sites/default/files/uploads/research/2019-new-normal-parents-teens-screens-and-sleep-united-states-report.pdf.
25. Robb, *Screens and Sleep,* 25.
26. "Social Media, Social Life: Teens Reveal Their Experiences," Common Sense Media, 10 de septiembre 2018, https://www.commonsensemedia.org/social-media-social-life-infographic.
27. Jean Twenge, "Analysis: Teens Are Sleeping Less. Why? Smartphones," *PBS News Hour*, October 19, 2017, https://www.pbs.org/newshour/science/analysis-teens-are-sleeping-less-why-smartphones

28. Jean M. Twenge, Zlatan Krizan, and Garrett Hisler, "Decreases in Self-Reported Sleep Duration among U.S. Adolescents 2009–2015 and Association with New Media Screen Time," *Sleep Medicine* 39 (sept. 2017): 49, https://www.sciencedirect.com/science/article/abs/pii/S1389945717303507?via%3Dihub.

29. Robb, *Screens and Sleep*, 7.

30. Josh McDowell Ministry and Barna Group, *The Porn Phenomenon: The Explosive Growth of Pornography and How It's Impacting Your Church, Life, and Ministry* (Plano, TX: Josh McDowell Ministry, 2016), cited in Barna Group, "Porn in the Digital Age: New Research Reveals 10 Trends," April 6, 2016, http://barna.org/research/porn-in-the-digital-age-new-research-reveals-10- trends.

31. Markus Dworak et al., "Impact of Singular Excessive Computer Game and Television Exposure on Sleep Patterns and Memory Performance of School-aged Children," *Pediatrics* 120, no. 5 (Nov. 2007): 978–85, https://pediatrics.aappublications.org/content/120/5/978.short.

32. Robb, *Screens and Sleep*, 26.

33. Morning Consult, *The Influencer Report: Engaging Gen Z and Millennials*, cited in Sarah Min, "86% of Young Americans Want to Become a Social Media Influencer," CBS News, November 8, 2019, https://www.cbsnews.com/news/social-media- influencers-86- of-young-americans-want-to-become-one.

34. Robb, *Screens and Sleep*, 7.

35. Michelle D. Guerrero et al., "24- Hour Movement Behaviors and Impulsivity," *Pediatrics* 144, no. 3 (sept. 2019), https://pediatrics.aappublications.org/content/144/3/e20190187.

36. "Improve Your Child's School Performance with a Good Night's Sleep," Sleep Foundation, accessed July 28, 2020, https://www.sleepfoundation.org/excessive-sleepiness/performance/improve-your-childs-school-performance-good-nights-sleep.

37. "Drowsy Driving Prevention, Teens Ages 16 to 19 Years," New York State Department of Health, revised February 2018, https://www.health.ny.gov/prevention/injury_prevention/children/fact_sheets/teens_15-19_years/drowsydriving_16-19_years.htm.

38. Neeraj K. Gupta et al., "Is Obesity Associated with Poor Sleep Quality in Adolescents?" *American Journal of Human Biology* 14, no. 6 (Nov./Dec. 2002): 762–68, https://pubmed.ncbi.nlm.nih.gov/12400037/.

39. Robert E. Roberts and Hao T. Duong, "The Prospective Association between Sleep Deprivation and Depression among Adolescents," *Sleep* 37, no. 2 (1 feb, 2014): 239–44, https://www.ncbi.nlm.nih.gov/pmc/articles/PMC3900610/.

40. "Sleep and Mental Health: Sleep Deprivation Can Affect Your Mental Health," Harvard Mental Health Letter, Harvard Health Publishing, March 18, 2019, https://www.health.harvard.edu/newsletter_article/sleep-and-mental-health.

41. Winsler et al., "Sleepless in Fairfax," 370.

42. Judith Owens, Adolescent Sleep Working Group, and Committee on Adolescence, "Insufficient Sleep in Adolescents and Young Adults: An Update on Causes and Consequences," *Pediatrics* 134, no. 3 (Sept. 2014), https://pediatrics.aappublications.org/content/134/3/e921

CAPÍTULO 5: LOS EFECTOS NO DESEADOS DE LAS REDES SOCIALES

43. 2017 National Survey on Drug Use and Health, cited in A. W. Geiger and Leslie Davis, "A Growing Number of American Teenagers—ParticularlyGirls—Are Facing Depression," Pew Research Center, July 12, 2019, https://www.pewresearch.org/fact-tank/2019/07/12/a-growing-number-of-american-teenagers-particularly- girls-are-facing-depression/.

44. Data from National Vital Statistics System (NVSS), cited in Sally C. Curtin and Melonie Heron, "Death Rates Due to Suicide and Homicide among Persons Aged 10–24: United States, 2000–2017," NCHS Data Brief, no. 352, October, 2019, https://www.cdc.gov/nchs/data/databriefs/db352- h.pdf.

45. Jean M. Twenge, "Stop Debating Whether Too Much Smartphone Time Can Hurt Teens, and Start Protecting Them," *Time*, March 21, 2019, https://time.com/5555737/smartphone-mental-health-teens/.

46. Jonathan Haidt and Jean Twenge, "Social Media Use and Mental Health: A Review" (unpublished manuscript, New York University, updated May 5, 2020), https://docs.google.com/document/d/1w-HOfseF2wF9YIpXwUUtP65-olnkPyWcgF5BiAtBEy0/edit.

47. Haidt and Twenge, "Social Media Use."

48. Haidt and Twenge, "Social Media Use."

49. Victoria Rideout and Michael B. Robb, *The Common Sense Census: Media Use by Teens and Tweens* (San Francisco: Common Sense Media,

2019), 12, table A, https://www.commonsensemedia.org/sites/default/files/uploads/research/2019-census-8- to-18- full-report-updated.pdf.

50. Rideout and Robb, *Common Sense Census*, 11, table A.

51. Rideout and Robb, *Common Sense Census*, 13–14, table B.

52. Morning Consult, *The Influencer Report: Engaging Gen Z and Millennials*, cited in Sarah Min, "86% of Young Americans Want to Become a Social Media Influencer," CBS News, November 8, 2019, https://www.cbsnews.com/news/social-media-influencers-86- of-young-americans-want-to-become-one/.

53. Manisha Patel, "80% of Teenagers Want to Be Self-Employed in the Future and Are More Inclined to Be Freelancers," *Fintech Times*, May 30, 2020, https://thefintechtimes.com/80-of-teenagers-want-to-be-self-employed-in-the-future-and-are-more-inclined-to-be-freelancers/.

54. Manisha Patel, "80% of Teenagers Want to Be Self-Employed in the Future and Are More Inclined to Be Freelancers," *Fintech Times*, May 30, 2020, https://thefintechtimes.com/80-of-teenagers-want-to-be-self-employed-in-the- future-and-are-more-inclined-to-be-freelancers/.

55. Rebecca Jennings, "Tikked Off: What Happens When TikTok Fame Fades," Vox, 27 de febrero 2020, https://www.vox.com/the-goods/2020/2/27/21153364/tiktok-famous-backlash.

56. Jason Ingram, Paul Brendon Mabury, and Lauren Daigle, "You Say," performed by Lauren Daigle, copyright 2018, Centricity.

CAPÍTULO 6: EL PROBLEMA DEL TIEMPO FRENTE A LAS PANTALLAS

57. Victoria Rideout and Michael B. Robb, *The Common Sense Census: Media Use by Teens and Tweens* (San Francisco: Common Sense Media, 2019), 3, https://www.commonsensemedia.org/sites/default/files/uploads/research/2019-census-8- to-8-full-report-updated.pdf.

58. Rideout and Robb, *Common Sense Census*, 5.

59. Jenny Radesky and Dimitri Christakis, "Media and Young Minds," *Pediatrics* 138, no. 5 (Nov. 2016), https://pediatrics.aappublications.org/content/138/5/e20162591.

60. Radesky and Christakis, "Media and Young Minds."

61. Mayo Clinic Staff, "Screen Time and Children: How to Guide Your Child," Mayo Clinic, 20 de junio 2019, https://www.mayoclinic.org/healthy-lifestyle/childrens-health/in-depth/screen-time/art-20047952.

62. Radesky and Christakis, "Media and Young Minds."
63. Mayo Clinic Staff, "Screen Time and Children."
64. Chris Melore, "Sitting around Harmful to Teens' Mental Health; Just an Hour of Light Activity Can Prevent Depression," Study Finds, May 25, 2020, https://www.studyfinds.org/sitting-around-harmful-to-teens-mental-health-just- an-hour-of-light-activity-can-prevent-depression/.
65. Melore, "Sitting around Harmful."

CAPÍTULO 7: «TE VEO»

66. "Social Media, Social Life: Teens Reveal Their Experiences," Common Sense Media, 10 de septiembre 2018, https://www.commonsensemedia.org/social-media- social-life-infographic.
67. Estudio realizado entre el 7 de marzo y el 10 de abril 2018 por Monica Anderson and Jingjing Jiang, *Teens, Social Media and Technology 2018* (Washington, DC: Pew Research Center, 2018), 2, https://www.pewresearch.org/internet/2018/05/31/teens-social- media-technology-2018/.
68. Ryan Broderick, "TikTok Has a Predator Problem. A Network of Young Women Is Fighting Back," BuzzFeed News, updated June 26, 2020, https://www.buzzfeednews.com/article/ryanhatesthis/tiktok-has-a-predator-problem-young- women-are-fighting-back.
69. Sheri Madigan et al., "Prevalence of Multiple Forms of Sexting Behavior among Youth: A Systematic Review and Meta-analysis," *JAMA Pediatrics* 172, no. 4 (2018): 327–35. doi:10.1001/jamapediatrics.2017.5314, https://jamanetwork.com/journals/jamapediatrics/fullarticle/2673719.
70. *Euphoria*, season 1, episode 1, "Pilot," dirigido por Augustine Frizzell, emitido el 16 de junio 2019, en HBO, citado en in Jonathan McKee, "What Parents Need to Know about Zendaya and Euphoria," *Jonathan's Blog*, el 6 de agosto 2019, https://jonathanmckeewrites.com/what-parents-need-to-know-about-zendaya-and- euphoria.
71. Janis Wolak, David Finkelhor, and Kimberly Mitchell, "Internet-Initiated Sex Crimes against Minors: Implications for Prevention Based on Findings from a National Study," *Journal of Adolescent Health* 35, no. 5 (2004): 11, http://unh.edu/ccrc/pdf/jvq/CV71.pdf.
72. Jonathan McKee and Alyssa McKee, *The Teen's Guide to Face-to-Face Connections in a Screen-to-Screen World* (Uhrichsville, OH: Shiloh Run Press, 2020), 148.

73. Russell Brandom, “New Bill Would Make Online Sexual Extortion a Federal Crime,” *The Verge*, July 15, 2016, https://www.theverge.com/2016/7/15/12197712/sextortion-federal-crime-congress-katherine-clark
74. Brandom, “New Bill.” See also US Department of Justice, *The National Strategy for Child Exploitation Prevention and Interdiction: A Report to Congress—April 2016* (Washington, DC: Government Printing Office, 2016), 74–76, https://www.justice.gov/psc/file/842411/download.
75. US Department of Justice, *National Strategy*, 76.